Upgrade

비제조 / 사무 간접 부문을 위한

혁신과제 수행 방법론

Upgraded Methodology for Performing Innovative Projects in Non-manufacturing Areas

柳榮炅 지음

부산대학교 출판부

서문

방법론 Upgrade 배경

저자는 지난 13년간 경영혁신 컨설턴트로 활동하면서 제조, 비제조, 제품 개발 분야의 혁신과제들을 접해왔다. 제조와 제품 개발 분야는 TPS, TPM, IE, VE, Six Sigma 등 효과적인 과제수행 방법론들이 많이 제시되어 성과를 창출해 온 반면, 사무부문은 상대적으로 그러지 못한 게 사실이다. 이에 저자는 비제조, 사무부문의 혁신과제를 도출하는 방법과, 이렇게 도출된 과제를 수행하는 방법에 대하여 업그레이드를 시도했다.

대상 독자

본서의 대상 독자층은 혁신과제 수행 프로세스 상 실질적인 활동의 주인공인 과제지도자와 혁신과제를 수행해 본 경험이 있는 과제수행자이다. 이러한 독자들은 현존하는 문제해결 기법들에 익숙하므로 본서에서는 자세한 설명은 피하고, 핵심만 요약하는 방식을 취하였다. 혁신과제 수행 경험이 없는 독자들은 이해하기가 어려울 수 있으므로 참고하기 바란다.

방법론의 특징

첫째, 효과적인 과제수행 지원을 목표로 하였다.

혁신구호나 정신교육과 같이 혁신의 당위성만을 강조해서는 절대 혁신이 이루어지지 않는다. 따라서 본서에서는 구체적인 방법을 제시하는데 집중했다. 혁신과제 도출, 수행, 종료 시까지 사무부문에서 고려할 수 있는 도구들을 논리적인 흐름으로 배치하였다. 특히, 아이디어 도출 시 고정관념을 극복하면서 실용적인 아이디어를 창출하도록 다양한 시도를 하였다.

둘째, 업무능력 향상을 목표로 하였다.

본 방법론을 경험한 과제지도자와 과제수행자는 다른 업무에서도 직무능력이 향상됨을 목표로 하였다. 본서에 소개된 도구들 중 일부만 학습해도 업무능력이 향상될 수 있도록 신중하게 도구들을 선정했다. 그리고 천마디 말보다 한번 보는 것이 낫다는 말이 있듯이 업무 수행에 사용되는 양식(templates, forms)은 사고의 틀을 의미하고, 최소한의 업무 품질을 보장하는 역할을 한다. 따라서 대부분의 도구들에 대하여 실무에서 활용 가능한 양식을 수록하였다.

셋째, 융통성 있는 과제수행 Roadmap을 제시했다.

혁신과제 유형별로 Roadmap이 존재할 경우 맞춤형이 되는 장점이 있지만, 과제수행 경험이 부족한 사람 입장에서는 어떤 Roadmap으로 과제를 수행해야 하는지 과제를 시작하기 전부터 혼돈에 빠질 수 있고, 특히, 과제가 하이브리드(hybrid) 형식이면 융통성이 떨어진다.

본 방법론의 Roadmap은 DMAIC 이다. DMAIC Roadmap 하나로 모든 유형의 사무부문 혁신과제를 수용했다. 독자들이 DMAIC이라는 용어에 익숙해서 선택했을 뿐, Six Sigma의 DMAIC과는 내용이 다르다. 본 방법론의 DMAIC 단계별 내용을 요약하면 다음과 같다.

- Define : 과제를 명확하게 정의한다.
- Measure : 현상을 측정하고, 근본원인을 도출한다.
- Analyze : 이용 가능한 자원을 분석하고, 아이디어를 도출한다.
- Invent : 해결안을 설계한다.
- Carry out : 설계한 내용을 시행한다.

넷째, 과제수행의 스피드업을 목표로 했다. 사무부문 과제에서 정량적인 지표들에 대해 정확한 데이터를 요구할 경우 대부분 장기간 소요되고 이는 과제 지연을 의미한다. 본 방법론의 DMAIC 각 단계는 정성적인 분석을 중심으로 진행하게 되며, 특별한 경우를 제외하고 1개월 이내에 Analyze단계까지 완료하기를 권장한다.

교재 구성

독자가 신속하게 내용을 이해할 수 있도록 서술식이 아닌 개조식 문장을 사용했다. 과제지도자가 과제수행자를 대상으로 1일 이론교육, 2일 실습교육 형식의 스토리를 택했다. 실제 이러한 방식으로 교육을 진행한 뒤에 과제를 수행해도 되고, 과제수행자의 경험이 충분하다면 교육 없이 실습 양식을 중심으로 과제도출부터 과제이관까지 진행해도 된다.

맺음말

비제조, 사무 부문의 업무 혁신을 위해서는 먼저 고객 요구사항을 우선순위화하여 혁신의 대상을 선정하고, 팀 활동을 통해 현존하는 이용 가능한 기술과 자원들을 활용하여 혁신과제를 성공적으로 수행해야 한다. 본서가 사무부문 혁신과제를 도출하고 수행하는데 활용되어 조직의 경쟁력과 개인의 업무 능력 향상에 도움이 되기를 희망한다.

그리고 지금까지 혁신과제를 지도할 기회를 주신 고객사의 임직원들과, 새로운 혁신 방법론들을 끊임없이 연구하여 훌륭한 문헌들을 통해 저자에게 자기개발의 기회를 주고 계시는 교수, 컨설턴트, 연구원들께 깊이 감사 드린다.

마지막으로, 이 책을 출판하는 계기를 만들어 준 POSTECH에 감사 드린다.

유영경 (ikmac@naver.com)

목차

2. Measure

3. Analyze

Overview

과제수행을 통한 혁신 활동

- 조직이 혁신하기 위해서는 구성원들이 다음 3가지를 갖추어야 함

혁신의 필요성 공감	혁신의 대상을 찾아내는 능력	효율적으로 혁신하는 방법

- 본 교재는 혁신의 대상을 찾아내서 이를 효율적으로 혁신하는 방법을 다루고 있음

과제수행을 기반으로 한 혁신활동 사이클

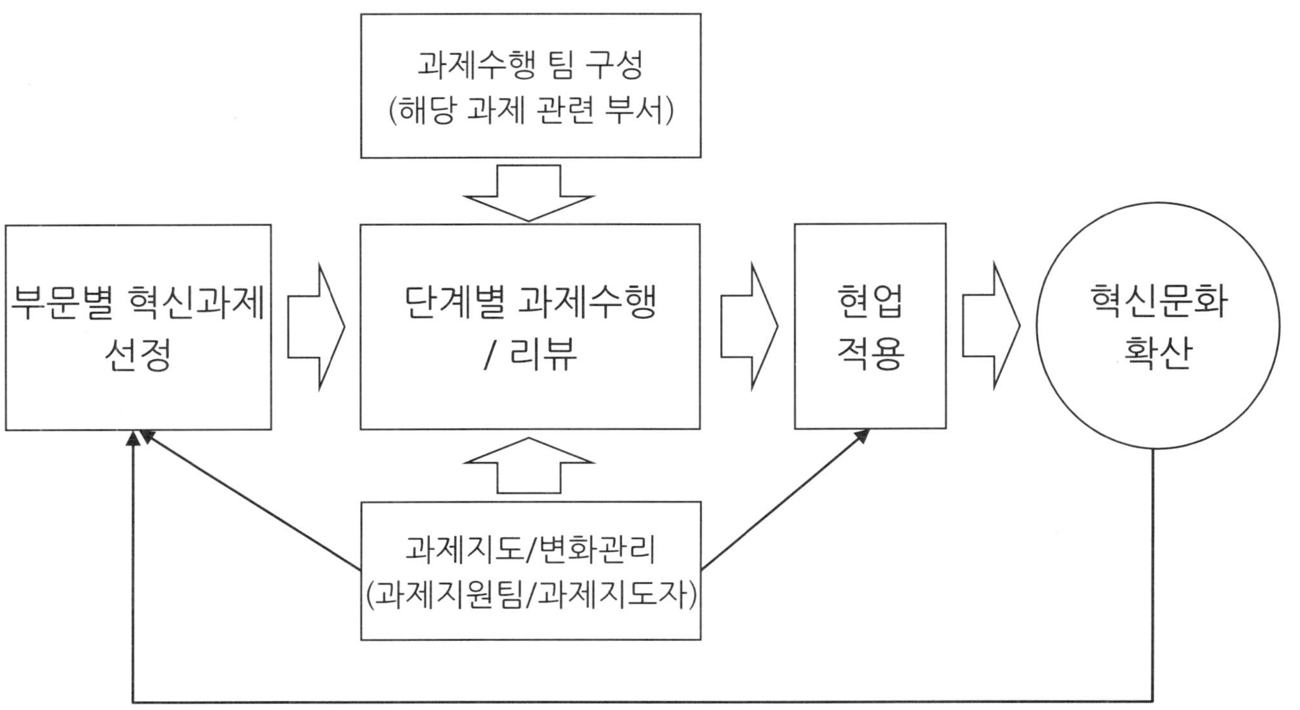

사무부문 혁신 활동의 방향

- 과거부터 해오던 잘못된 것을 폐기하여 여유시간을 먼저 확보하고, 이 시간을 고객 관점에서 가치가 있는 새로운 것을 창출하는데 사용
- 부서란 부서를 이용하는 고객을 위해 존재하므로, 혁신의 초점은 업무 서비스 이용을 통해 고객이 궁극적으로 해결하고자 하는 것이 무엇인지에 초점
- 기존의 업무를 기존 고객을 대상으로 더 잘 수행하는 것도 중요하지만, 환경 변화를 고려하여 신규 업무를 추가하거나 신규 고객을 위한 업무도 고려
- 미래의 안정적인 성장을 위해 프로세스 개선, 신규 서비스 개발, 비즈니스 모델 개발 활동의 균형이 필요
- 일상 개선활동을 통한 점진적인 개선과 과제 활동을 통한 중대한 개선을 동시에 추구

> "가만히 있는 것은 현상유지가 아닌 퇴보"

혁신 활동 인프라

▪ 과제수행의 실패 유형

구분	실패 유형
경영자 참여	• 챔피언, 프로세스 오너의 관심과 지원 부족으로 과제 추진력 저하
평가/보상 제도	• 평가/보상 제도 미비로 과제수행에 대한 과제 리더의 동기부여 부족 - 상금, 여행, 식사, 인사고과 가점 등
과제 선정	• 조직의 전략, 고객, 핵심 프로세스와 관련 없는 과제의 수행으로 성과 미흡
고정관념	• 자신만의 경험과 지식으로 문제를 인식하고 해결
과제 위험 관리	• 과제 진행 상에 존재하는 위험요소 도출 및 제거방안이 마련되지 않아 실패

▪ 경영자의 역할과 책임

구분	역할과 책임
챔피언	• 과제 성과에 대한 책임 • 과제 진행 상황을 최고경영층에 보고 • 혁신과제 포트폴리오 계획 • 과제 단계별 진행 상황 검토 및 승인 • 과제 선정과 과제수행 인력 배정 시 리더십 지원 • 최고 경영층의 리더십 지원
프르세스 오너	• 과제 선정과 해결안에 대한 실행 책임 • 성과 목표치를 결정하고, 달성하기 위해 노력 • 과제 완료 후 성과에 대한 지속적인 모니터링과 개선 노력 • 효과적인 프로세스 운영을 위한 장애물 제거 • 다른 팀과 효과적인 협력체제 구축

혁신 활동 인프라

- 회의체 운영 (안)

회의체명	주기	주관	참가자	내용
혁신과제 Council	분기 1회	최고경영자	• 최고경영자 • 챔피언 • 프로세스 오너 • 과제리더 • 과제지도자 • 과제지원팀	• 추진 과제 진도 종합 점검 • 조직 전체 차원의 이슈 조정 • 과제 결과 점검 및 성과 승인
부문 정기회의	월 1회	챔피언	• 챔피언 • 프로세스 오너 • 과제리더 • 과제지도자 • 과제지원팀	• 부문 과제 진도 종합 점검 • 부문 내 이슈 조정 • 과제 추진결과 및 성과 검토 • 완료과제의 사후관리 점검
팀 정기회의	주 1회	프로세스 오너	• 프로세스 오너 • 과제리더	• 과제 진도 확인 • 과제 관련 이슈 파악 및 해결
과제지도 회의	주 2회	과제리더	• 과제리더 • 팀원 • 과제지도자 • 과제지원팀	• 과제 단계별 지도 • 과제 진도관리 • 과제 리스크 관리

혁신 활동 인프라

- 과제 중단

  - 과제 중단 사유 발생 시 중단에 대한 부담감이나 명확한 중단 절차가 없어 적기에 중단하지 못한다면, 시간과 자원의 낭비가 발생

  - 중단 절차

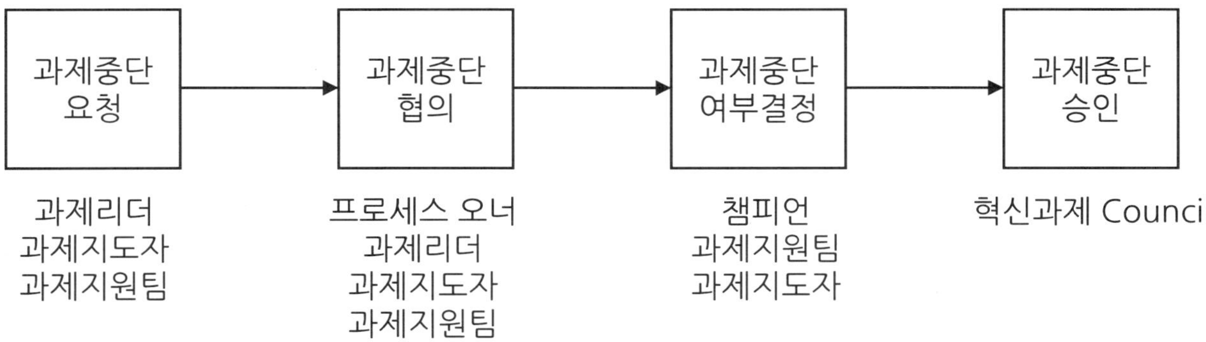

  - 중단 적용대상
    - ✓ 전략, 정책, 제도, 사업, 조직, 업무 변경 등으로 과제의 의미 상실
    - ✓ 현재까지의 기술로는 과제 해결이 불가능
    - ✓ 과제리더의 상황 변화로 과제 인수인계나 과제수행이 불가능

혁신과제 수행 Roadmap

Define	Measure	Analyze	Invent	Carry out
1.1 과제확인 1.2 과제범위 설정 1.3 과제수행 계획 수립	2.1 현상분석 2.2 잠재원인 확인 2.3 근본원인 선정	3.1 초기 아이디어 확인 3.2 아이디어 도출 워크숍 3.3 아이디어 구체화	4.1 설계컨셉 도출 4.2 설계컨셉 평가 4.3 설계 최적화	5.1 시험적용 5.2 개선결과 확인 5.3 과제 종료

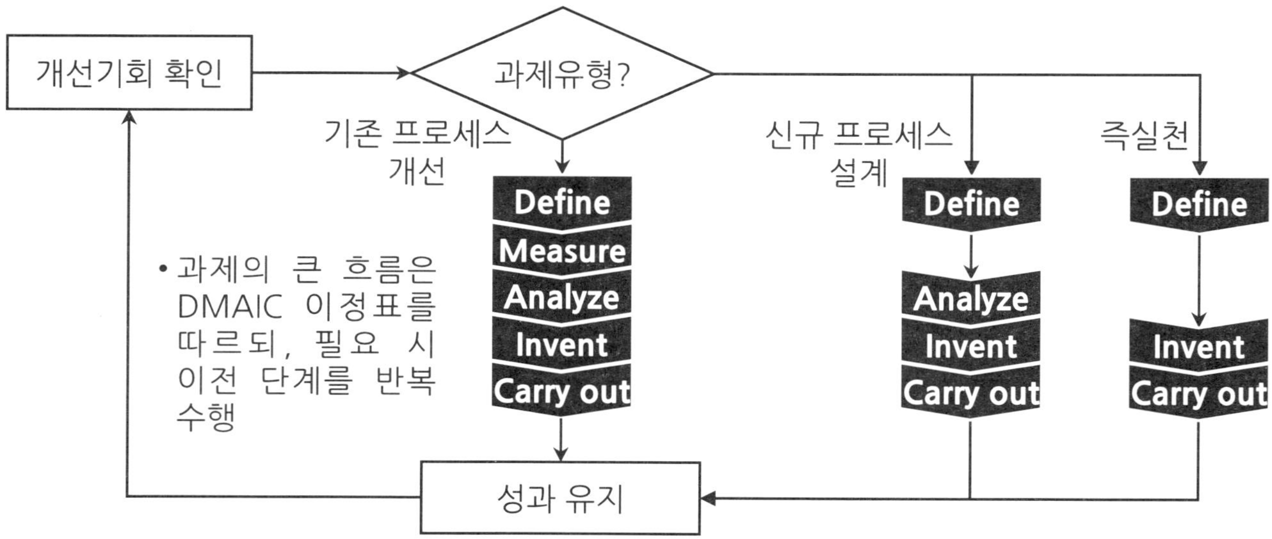

과제유형	특징	과제수행 가이드
프로세스 개선	기존 프로세스 분석 필요	• DMAIC 단계 수행 • 프로세스 낭비가 관심대상인 과제는 부가가치 분석 중심 • 프로세스 품질이 관심대상인 과제는 Gap 분석 중심
이슈 해결	프로세스 분석 불필요	• DMAIC 단계를 수행하되 프로세스 분석은 제외 • 교재에서 사용하는 용어 중 '프로세스 단계' 또는 '활동'을 '세부 이슈' 또는 '세부 문제' 개념으로 바꾸어 도구 적용 • 이슈에 대해 Logic Tree의 What, Why, How Tree 관점으로 접근
신규 프로세스 설계	기존 프로세스 분석 불필요	• DAIC 단계 수행
즉실천	근본원인 도출 불필요	• DIC 단계 내 일부 필요한 활동들만 수행 • 가능하면 과제 Charter도 작성하지 말고, 1 페이지 결과 보고서로 산출물 대체

고객, 프로세스 오너, 챔피언 참여 필요 시점

단계	세부단계	세부활동	고객	프로세스 오너	챔피언
Define	1.1 과제 확인	1.1.1 개선대상 업무 선정	○	○	○
		1.1.2 고객 요구사항 확인	○	○	
		1.1.3 목표설정		○	
	1.2 과제범위 설정	1.2.1 프로세스 구성요소 확인		○	
		1.2.2 개선대상 단계 선정		○	
		1.2.3 과제범위 축소 및 확대	○	○	
	1.3 과제수행 계획 수립	1.3.1 이해관계자 관리 계획		○	
		1.3.2 팀원 선정		○	
		1.3.3 핵심 Risk 관리	○	○	
		1.3.4 과제 Charter 작성		○	
	Define Tollgate Review			○	○
Measure	2.1 현상분석	2.1.1 프로세스 세분화			
		2.1.2 부가가치 분석			
	2.2 잠재원인 확인	2.2.1 잠재원인 도출			
		2.2.2 잠재원인 체계화			
	2.3 근본원인 선정	2.3.1 근본원인 선정		○	
	Measure Tollgate Review			○	○
Analyze	3.1 초기 아이디어 확인	3.1.1 가용자원 확인			
		3.1.2 초기 아이디어 정리			
	3.2 아이디어 도출 워크숍	3.2.1 브레인스토밍			
		3.2.2 브레인라이팅			
		3.2.3 도발과 이동			
	3.3 아이디어 구체화	3.3.1 아이디어 수확과 처리			
		3.3.2 아이디어 평가			
		3.3.3 아이디어 선정	○	○	
	Analyze Tollgate Review			○	○

고객, 프로세스 오너, 챔피언 참여 필요 시점

단계	세부단계	세부활동	고객	프로세스 오너	챔피언
Invent	4.1 설계컨셉 도출	4.1.1 서비스 요구사항 설정			
		4.1.2 기능 요구사항 설정			
		4.1.3 설계컨셉 도출	○		
		4.1.4 추가 아이디어 발굴			
	4.2 설계컨셉 평가	4.2.1 최적 설계컨셉 선정	○	○	
		4.2.2 To-Be Image 작성		○	
		4.2.3 설계검토	○	○	○
	4.3 설계 최적화	4.3.1 프로세스 설계	○	○	
		4.3.2 업무현장 최적화		○	
		4.3.3 Design FMEA		○	
		4.3.4 실수방지 설계	○	○	
	Invent Tollgate Review			○	○
Carry out	5.1 시험적용	5.1.1 시험적용	○	○	
	5.2 개선결과 확인	5.2.1 프로세스 모니터링	○	○	
		5.2.2 과제성과 확인		○	
	5.3 과제종료	5.3.1 본실행 계획 수립	○	○	
		5.3.2 관리계획 수립		○	
		5.3.3 과제 이관	○	○	
	Carry out Tollgate Review			○	○

단계별 챔피언의 점검사항

<table>
<tr><th>단계</th><th>세부단계</th><th>세부활동</th><th>점검사항</th></tr>
<tr><td rowspan="2">Define</td><td>1.1 과제 확인</td><td>1.1.1 개선 대상 업무 선정</td><td>• 경영자, 고객 관점에서 중요하고, 시급한 과제가 선정되었는가?</td></tr>
<tr><td colspan="2">Tollgate Review</td><td>• 과제의 목표 수준은 적절한가?
• 과제 범위는 명확하고, 과제 목표를 달성하기에 적절한 범위인가?
• 과제를 해결하기에 적절한 인원들로 팀을 구성하였는가?
• 과제 Charter의 각 구성항목은 적절하게 작성되었는가?</td></tr>
<tr><td>Measure</td><td colspan="2">Tollgate Review</td><td>• 개선대상 업무의 세부 구성요소들은 실제 이루어지는 내용들로 상세하게 파악하였는가?
• 프로세스 내 각 활동들에 대한 부가가치 분석을 통하여 개선기회를 명확히 하였는가?
• 프로세스 내 개선대상 활동들에 대한 잠재원인은 충분히 검토되었는가?
• 선정된 근본원인을 개선하면 과제의 목표 달성이 예상되는가?</td></tr>
<tr><td>Analyze</td><td colspan="2">Tollgate Review</td><td>• 과제 해결을 위해 이용 가능한 자원은 충분히 검토되었는가?
• 개선 아이디어 도출 시 팀원들의 참여는 활발하게 이루어졌는가?
• 과제 초기에 전혀 예상하지 못한 좋은 아이디어가 포함되어 있는가?
• 아이디어 선정 시 고객 의견을 반영했는가?</td></tr>
</table>

단계별 챔피언의 점검사항

단계	세부단계	세부활동	점검사항
Invent	4.2 설계 컨셉 평가	4.2.3 설계 검토	• 서비스 요구사항과 기능 요구사항은 고객 요구사항의 목표를 달성하도록 설정되었는가? • 최적 설계컨셉은 고객 요구사항을 충족시킬 수 있는가? • To-Be Image에 대한 설계검토는 고객과 이해관계자의 참가 하에 이루어졌는가?
	Tollgate Review		• 설계컨셉 도출과 최적 설계컨셉 선정 시 고객 의견을 반영하였는가? • 업무 수행 시 낭비가 최소화되도록 프로세스를 최적화하였는가? • 미래에 발생 가능한 중요한 위험요소나 업무상 실수를 방지하도록 프로세스를 설계하였는가? • 최종 상세설계 안을 실행할 경우 과제의 목표 달성이 예상되는가?
Carry out	Tollgate Review		• 해결안에 대한 시험적용을 실시했는가? • 과제의 목표 달성을 적절한 방법으로 검증했는가? • 본실행 계획은 실행 가능하도록 수립되었는가? • 프로세스 관리계획서 등 과제 이관에 필요한 문서들은 이해하기 쉽게 작성하여 공유했는가?

- 매 단계 공통 점검사항

핵심 Risk 검증 결과	팀원들의 과제 참여	팀장의 과제 지원

1

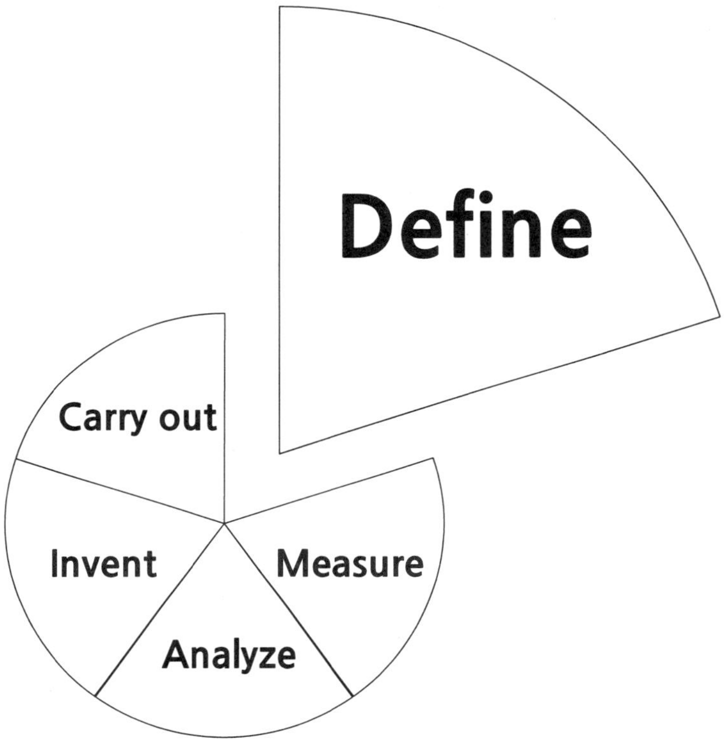

Define Framework

개선대상 업무에 대한 고객 요구사항을 확인하여 과제를 선정하고, 과제 범위를 명확히 하고, 팀을 구성하고, 과제관련 Risk 관리계획과 일정계획을 수립

Define › Measure › Analyze › Invent › Carry out

1.1 과제 확인

- 1.1.1 개선대상 업무 선정
- 1.1.2 고객 요구사항 확인
- 1.1.3 목표설정

1.2 과제범위 설정

- 1.2.1 프로세스 구성 요소 확인
- 1.2.2 개선대상 단계 선정
- 1.2.3 과제범위 축소 및 확대

1.3 과제수행 계획 수립

- 1.3.1 이해관계자 관리 계획
- 1.3.2 팀원 선정
- 1.3.3 핵심 Risk 관리
- 1.3.4 과제 Charter 작성

1.1 과제 확인

개선기회가 큰 업무를 대상으로 고객 요구사항을 확인하여 과제를 선정

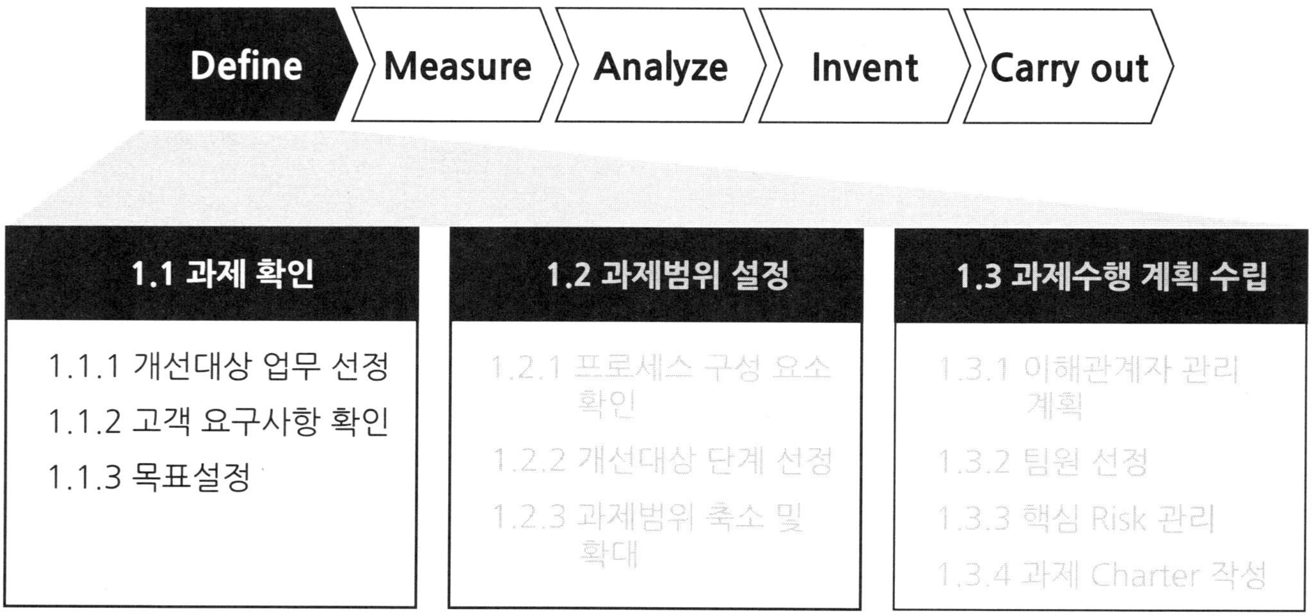

1.1.1 개선대상 업무 선정

의미	부서 업무 중 고객 관점에서 간소화나 가치창조가 필요한 업무를 선정
세부 활동	부서의 기존 업무와 고객이 요청하는 신규 업무를 확인하고, 각 업무에 대한 개선기회를 우선 순위화하여 개선대상 업무를 선정

1.1.1 개선대상 업무 선정

- 과제 도출 방향
  - 효과성, 효율성, 적응성의 개선이 필요한 업무

업무 프로세스

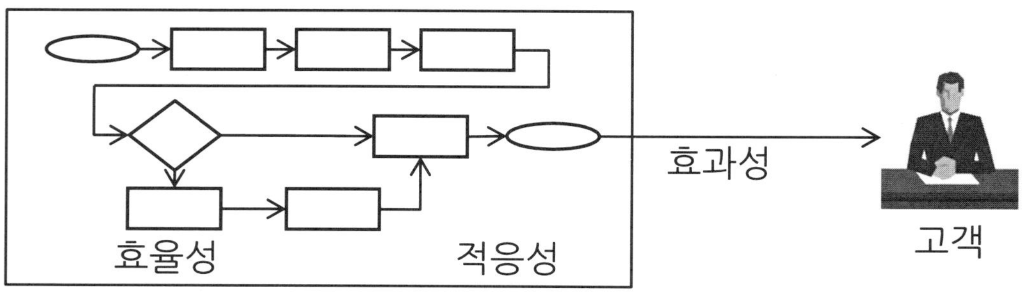

구분	의미
효과성	• 프로세스는 바람직한 결과를 산출하는가? • 산출물은 고객 요구사항을 충족시키는가?
효율성	• 자원(사람, 돈, 시간 등)의 사용을 최소로 하는가? • 불필요하거나 번거로운 업무 절차가 있는가?
적응성	• 프로세스는 변화하는 고객 요구사항에 융통성 있게 대응하는가?

완전히 없앨 요인은?	과감하게 줄일 요인은?	⇨	비용절감
과감하게 늘일 요인은?	새로 추가할 요인은?	⇨	가치창조

1.1.1 개선대상 업무 선정

- 고객에 대한 이해
  - 고객이란 업무 수행 부서의 업무 서비스 산출물을 제공받는 개인 또는 그룹
  - 고객 또는 제3의 부서는 업무 수행 부서에게 업무 서비스에 대한 대가를 서비스나 급여 형태로 지불
  - 산출물과 이에 대한 대가 사이에는 양자가 만족할 만한 이익의 균형이 필요
  - 우리 부서도 또한 조직 내 다른 부서의 고객

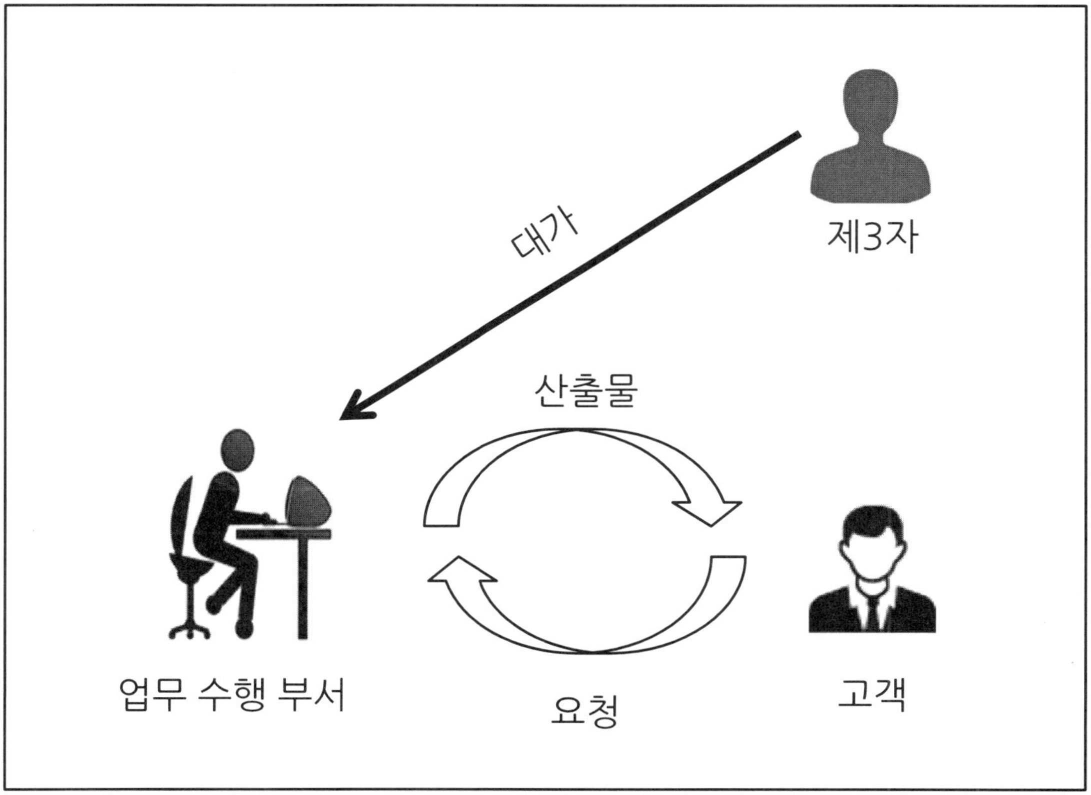

1.1.1 개선대상 업무 선정

- 고객 분류

  - 조직의 내부고객만을 위해 업무를 수행하는 부서는 조직 전체 차원의 목표를 지원해야 하고, 이는 핵심 외부고객을 지원해야 함을 의미
    - ✓ 항상 외부고객에게 관심을 가져야 함

  - 우리 부서의 고객은 누구인가?

고객 분류의 예 (대학)

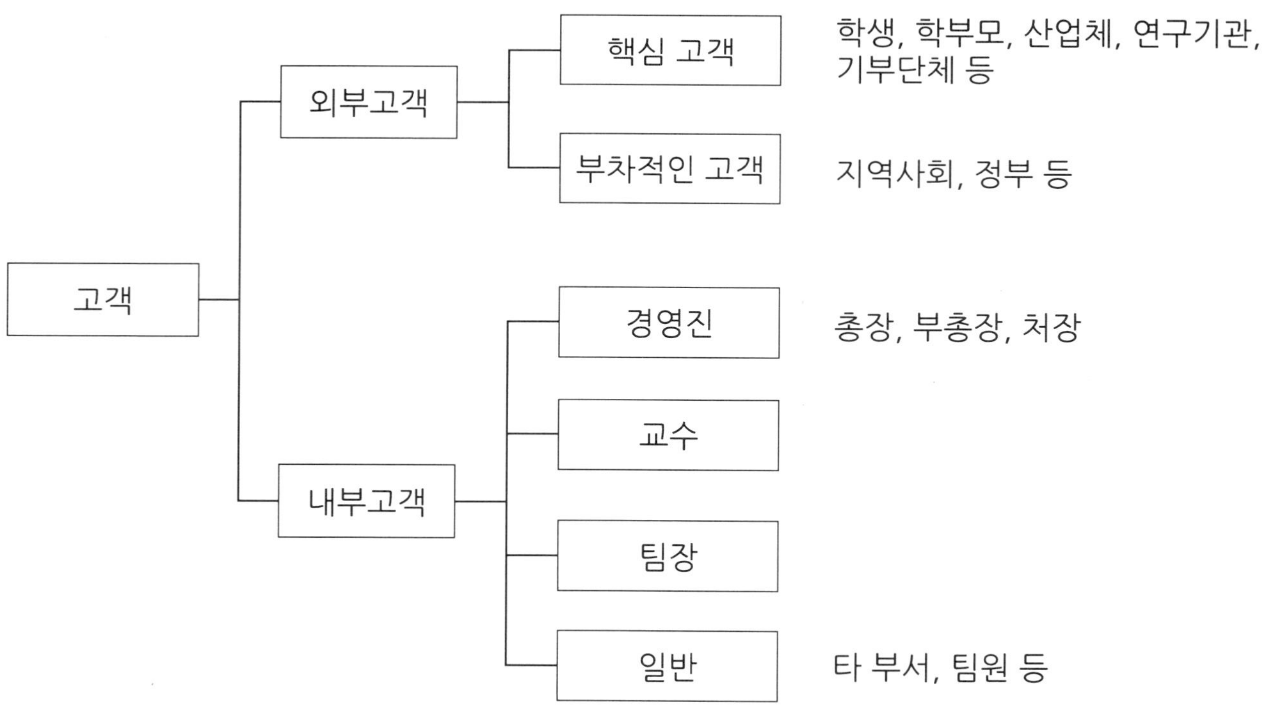

〈실습〉 부서와 전체 조직간 연계성 : 5분

1. 전체 조직의 존재 목적과 단기 또는 중기 목표를 작성
2. 부서의 존재 목적과 목표를 작성
3. 조직의 목표와 부서의 목표가 연계되는지 확인

구분	부서	조직
목적		
목표		

<실습> 부서의 업무 확인 : 20분

1. 부서의 고객을 먼저 정의하고, 고객에게 제공하는 산출물을 정의
2. 산출물을 만들어내는 프로세스의 이름을 명명
   ※ 이렇게 도출된 프로세스가 과제로 선정되므로, 과제수행에 적절한 규모로 프로세스가 정의되도록 산출물을 정의

고객구분	업무구분	프로세스 명	산출물	고객
외부	기존			
내부	기존			
외부	신규			
내부	신규			

1.1.1 개선대상 업무 선정

- 프로세스의 개선기회 분석
    - 도출된 프로세스에 대하여, 고객 관점에서의 중요도와 만족도를 조사 또는 추정하여 업무 간소화와 가치창조 기회 확인

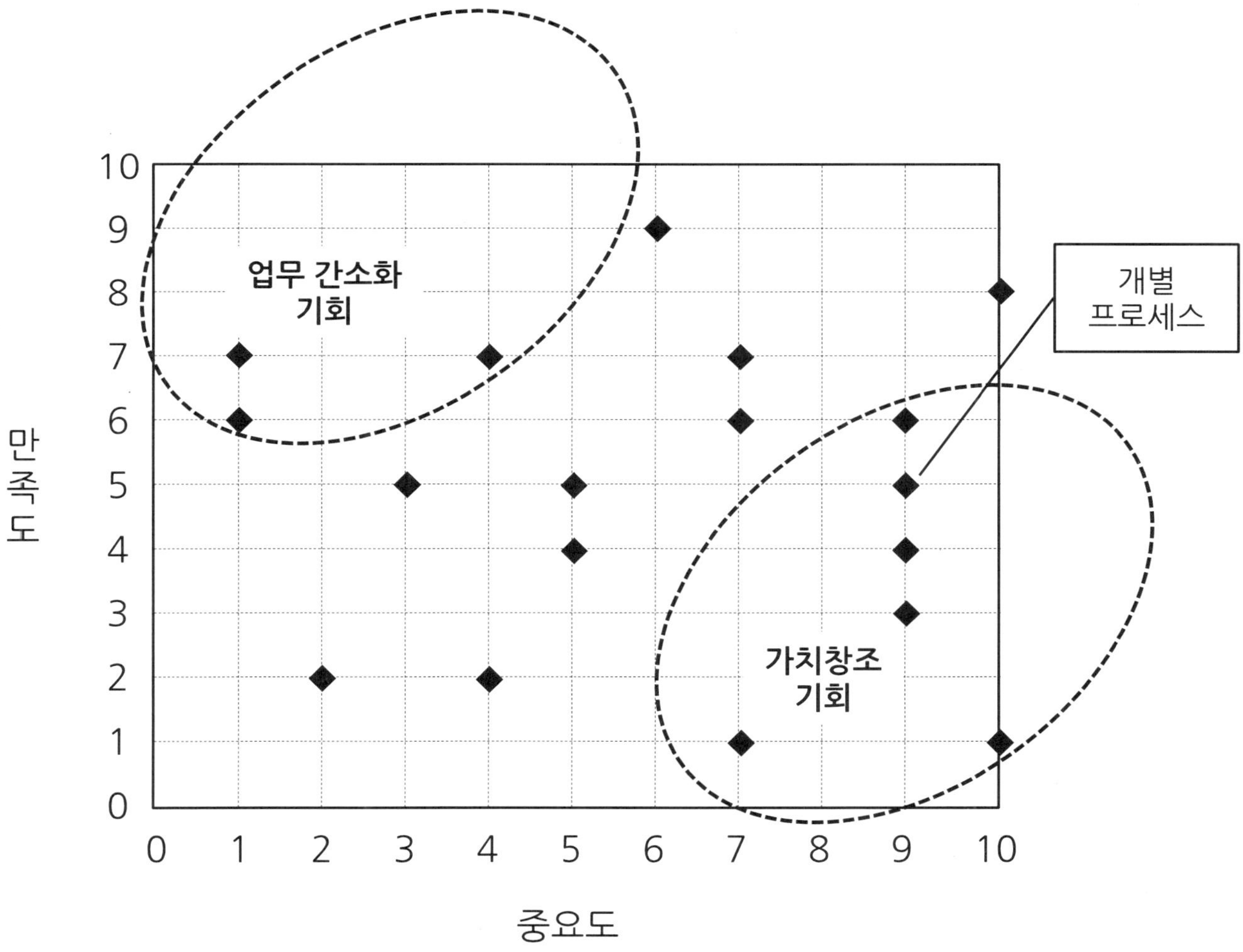

〈실습〉 프로세스의 개선기회 분석 : 10분

1. 부서에서 수행하는 프로세스들에 대하여 고객관점에서의 중요도와 만족도 확인
2. 프로세스의 개선기회 분석

No.	프로세스 명	중요도	만족도
1			
2			
3			
4			
5			
6			
7			
8			
9			
10			

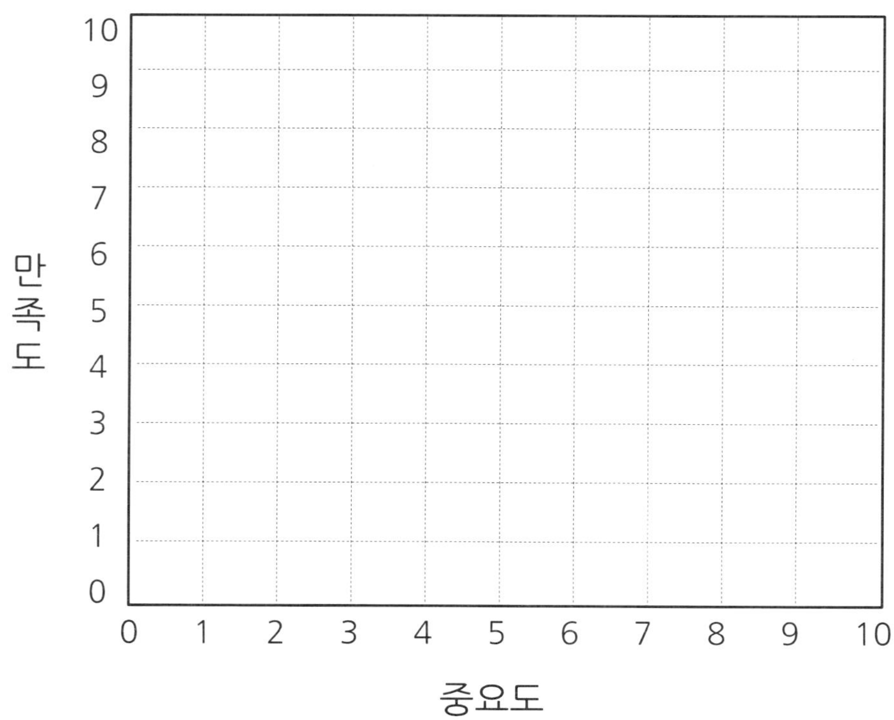

1.1.1 개선대상 업무 선정

- Cross-functional 과제란?
  - 업무가 둘 이상의 부서 협업으로 이루어지기 때문에, 이를 개선하기 위하여 여러 부서의 협업이 필요한 과제
  - 조직의 대부분 업무는 여러 부서간 협업이 필요하고, 고객의 요구에 신속하게 대응하기 위해서는 부서간 원활한 협업이 필요

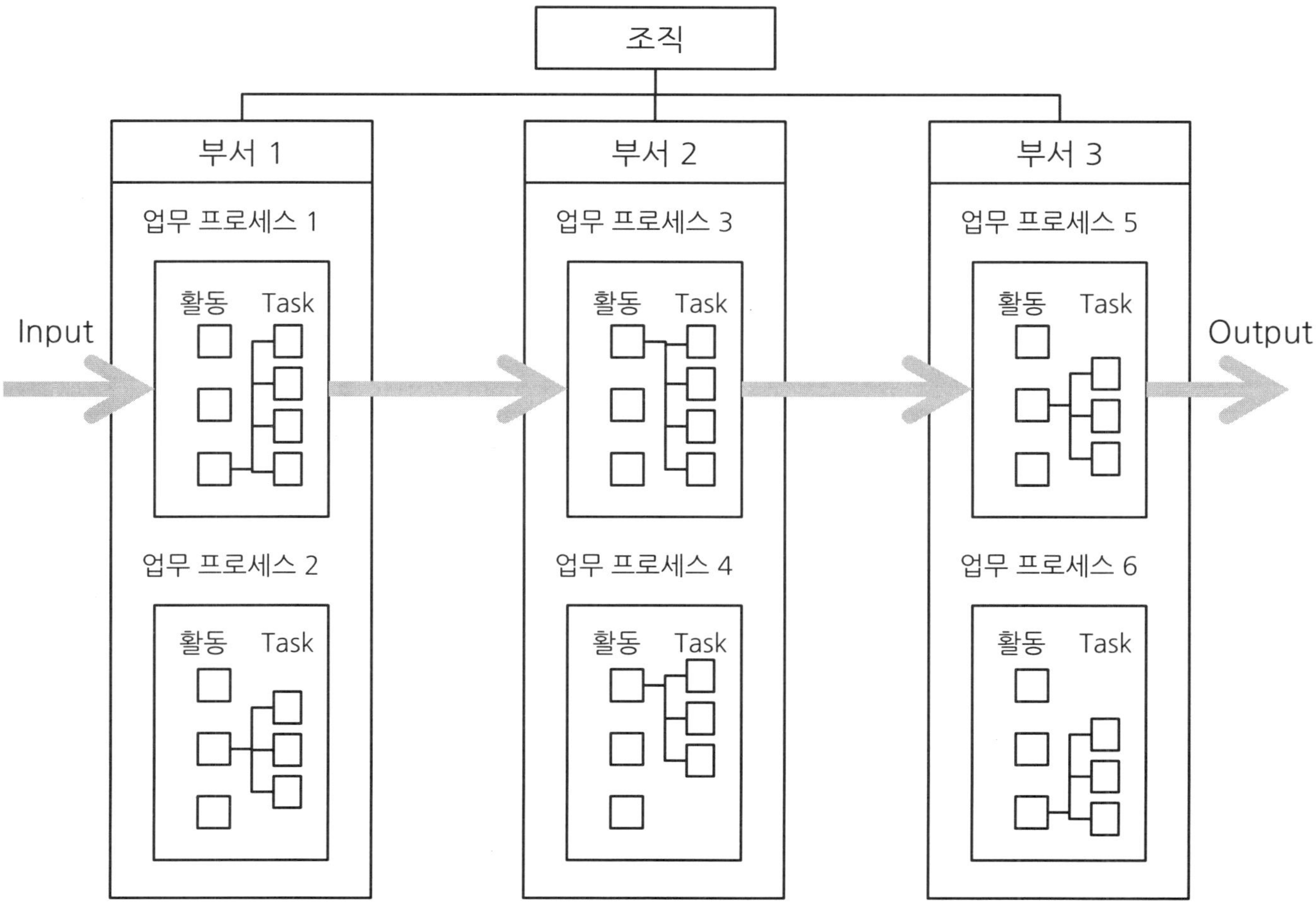

〈실습〉 개선대상 업무 선정을 위한 평가 : 10분

1. 부서에서 수행하는 프로세스들을 리스트
2. 판단기준을 이용하여 도출된 프로세스들을 평가하고 개선대상 업무를 선정

프로세스	고객영향도			실행가능성			현재수준			개선효과		합계	개선방법 (과제/즉실천/보류)
	중요도	고객지위	관련 고객수	투입비용	개선소요 기간	적용시점 또는빈도	프로세스 비효율성	고객 만족도	프로세스 존재여부	협업 부서수	유무형 효과		

범주	판단기준	점수		
		1	2	3
고객영향도	고객 관점의 중요도	중요하지 않음	보통	매우 중요
	고객 지위	타 부서나 일반직원	팀장 부차적인 외부고객	경영진 외부 핵심고객
	관련 고객 수	소수의 직원	보통	대다수의 직원
실행가능성	투입비용	많은 비용	보통	적은 비용
	개선소요기간	장기간	보통	단기간
	적용시점 또는 빈도	늦음 또는 주기적 발생	보통	즉시 적용 또는 매일 발생
현재수준	프로세스 비효율성	업무 수행이 효율적임	보통	승인지연/절차복잡/낭비존재
	고객만족도	만족	보통	불만
	프로세스 존재여부	명시적/암묵적으로 존재	존재하지 않음	
개선효과	협업 부서 수	한 팀 내의 업무	2개 팀의 협업 필요	3개 이상 팀의 협업 필요
	조직 전체 차원의 유/무형효과	적음	보통	큼

1.1.2 고객 요구사항 확인

의미	개선 대상 업무에 대한 고객 요구사항을 확인
세부 활동	개선 대상 업무에 대하여 기존에 알고 있는 고객 요구사항을 정리하고, 추가적인 인터뷰를 통하여 새로운 요구사항도 확인

1.1.2 고객 요구사항 확인

- 고객 요구사항이란?
  - 업무 서비스 이용 결과의 바람직한 모습을 고객 관점에서 서술한 것임 '고객은 서비스를 물리적, 인식적, 사회적, 문화적, 감정적인 측면으로 경험'
  - 고객의 문제가 해결된 모습이 어떠해야 하는지 기술함
  - 고객 요구사항은 설계대안에 중립적임
  - 시간, 비용, 오류, 품질, 이용가능성, 이용 편의성 등과 관련됨
  - 고객 요구사항은 고객과 부서 2가지 관점에서 모두 도출함

- 고객 요구사항 기술 방법

[어떤 상황]	에서	[결과지표]	을	[바람직한 방향]	한다

※ 결과지표는 측정이 어려운 주관적인 지표도 사용 가능

1.1.2 고객 요구사항 확인

고객 요구사항 기술 예

바람직한 방향	고객	부서
증가/향상/최대화	• 실험실내 쾌적성 향상 • 실험실내 여유공간 증가 • 서비스 이용항목 증가 • 서비스 적시 이용가능성 향상	• 업무지원 후 고객만족도 향상 • 팀원 부가가치 업무시간 최대화 • 다면 평가점수 향상
제거/감소/최소화	• 실험실 안전사고 가능성 최소화 • 실험 준비시간 최소화 • 행정처리 업무시간 최소화 • 연구업무 방해시간 최소화 • 업무 오류 최소화	• 업무 처리 비용 최소화 • 업무 처리 시간 최소화 • 고객 불만 최소화 • 실험실 안전사고 가능성 최소화 • 재작업율 최소화

- 고객 요구사항 도출 방법
  - 업무 경험을 바탕으로 팀 내부에서 고객 요구사항을 리스트
  - 소수의 고객과 인터뷰하여 추가적인 고객 요구사항 확인

    "금번에 이러한 과제를 하려고 하는데, 도출된 고객 요구사항 중 수정이 필요하거나 추가적인 요구사항이 있습니까?"

고객 세분화 및 조사대상 선정 예

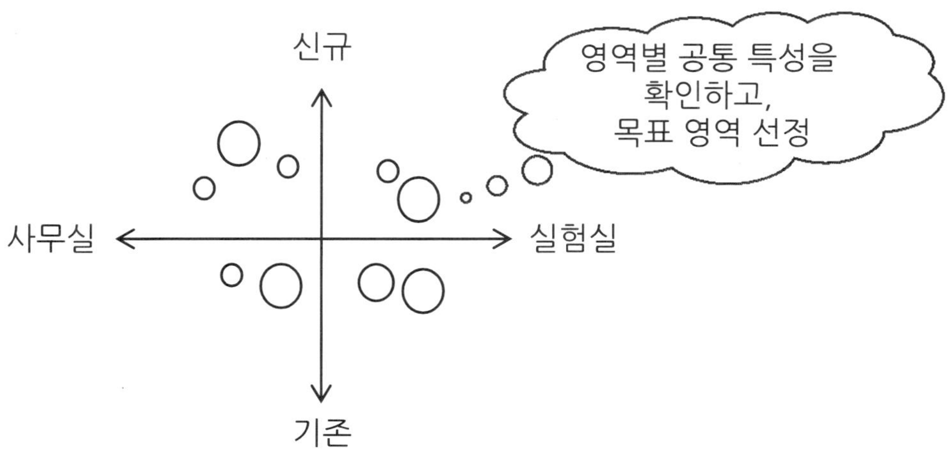

<실습> 고객 요구사항 도출 : 10분

1. 개선대상 프로세스에 대하여 고객 관점의 요구사항 도출
2. 개선대상 프로세스에 대하여 부서 관점의 요구사항 도출

바람직한 방향	고객	부서
증가/향상/최대화		
제거/감소/최소화		

1.1.3 목표설정

의미	개선이 필요한 고객 요구사항에 대하여 목표를 설정
세부 활동	개선 대상 업무에 대하여, 고객 요구사항의 현수준을 조사하고, 과제 목표를 설정

1.1.3 목표설정

- 고객 요구사항 현수준 조사 및 우선순위화
  - 현수준 조사를 위한 계획 수립
    - ✓ 계획 수립 시 5W 1H 관점으로 접근하여 누락 방지
  - 고객/부서 요구사항에 대해 중요도, 만족도 설문조사 (1~10점 평가)
  - 개선기회 점수 계산
    개선기회 점수 = 중요도 + Max((중요도−만족도),0)

구분	요구사항	중요도	만족도	개선기회 점수
고객	실험실내 쾌적성 향상	8	5	11
	실험실내 여유공간 증가	7	3	11
	서비스 이용항목 증가	6	8	6
	실험 준비시간 최소화	5	6	5
	실험실 안전사고 가능성 최소화	10	7	13
부서	업무 처리 비용 최소화	7	7	7
	업무 처리 시간 최소화	9	6	12
	업무 지원 중 고객 불만 최소화	9	7	11
	업무지원 후 고객만족도 향상	10	9	11

1.1.3 목표설정

- 개선 대상 고객 요구사항 선정
  - 개선기회 점수와 중요도/만족도 그래프를 고려하여 개선이 필요한 고객 요구사항 선정

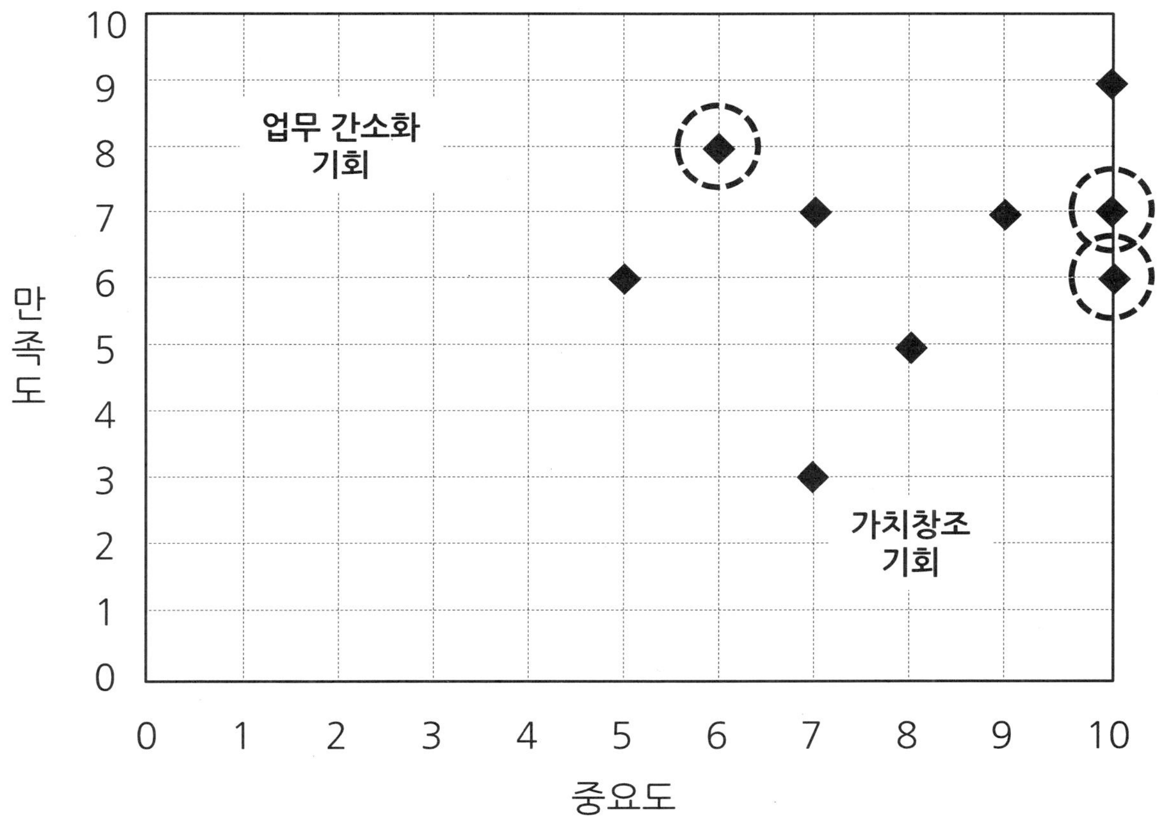

1.1.3 목표설정

- 과제 목표 설정
  - 고객 요구사항의 중요도와 만족도의 현수준을 고려하여 목표 설정
  - 이렇게 설정된 목표는 아래의 과제수행 단계 완료 시점에 고객을 대상으로 달성가능성에 대한 평가가 필요
    - ✓ **3.3 아이디어 구체화, 4.1 설계컨셉 도출, 4.2 설계컨셉 평가, 4.3 설계 최적화, 5.1 시험적용**
    - ✓ 이 때, 모든 고객 요구사항에 대한 평가를 실시하여, 현수준 유지를 목표로 했던 고객 요구사항들의 만족도가 하락했는지도 점검

구분	요구사항	중요도	만족도	
			현수준	목표
고객	실험실내 쾌적성 향상	8	5	5
	실험실내 여유공간 증가	7	3	3
	서비스 이용항목 증가	**6**	**8**	**6**
	실험 준비시간 최소화	5	6	6
	실험실 안전사고 가능성 최소화	**10**	**7**	**10**
부서	업무 처리 비용 최소화	7	7	7
	업무 처리 시간 최소화	**9**	**6**	**9**
	업무 지원 중 고객 불만 최소화	9	7	7
	업무지원 후 고객만족도 향상	10	9	9

<실습> 과제목표 설정 : 10분

1. 개선대상 프로세스에 대한 고객 요구사항을 리스트
2. 고객 관점의 중요도를 확인
3. 고객 관점의 만족도 현수준 확인
4. 만족도 목표 설정

<table>
<tr><th rowspan="2">구분</th><th rowspan="2">요구사항</th><th rowspan="2">중요도</th><th colspan="2">만족도</th></tr>
<tr><th>현수준</th><th>목표</th></tr>
<tr><td rowspan="5">고객</td><td></td><td></td><td></td><td></td></tr>
<tr><td></td><td></td><td></td><td></td></tr>
<tr><td></td><td></td><td></td><td></td></tr>
<tr><td></td><td></td><td></td><td></td></tr>
<tr><td></td><td></td><td></td><td></td></tr>
<tr><td rowspan="5">부서</td><td></td><td></td><td></td><td></td></tr>
<tr><td></td><td></td><td></td><td></td></tr>
<tr><td></td><td></td><td></td><td></td></tr>
<tr><td></td><td></td><td></td><td></td></tr>
<tr><td></td><td></td><td></td><td></td></tr>
</table>

별첨 : 기타 과제 도출 방법

- 지금까지는 부서의 업무를 분석하여 과제를 도출하는 과정을 살펴 봄
- 이 외에도, 환경(경쟁, 기술, 고객, 법규 등) 변화로부터 개선기회를 발견하여 과제 후보를 도출할 수 있음

기술, 시장, 사람, 문화, 사업에서 일어나는 변화를 감지

업무 서비스, 조직, 구성원 등에 대한 내, 외부 혁신 사례 조사

부서 내 업무를 수행하는 기존 방법과 새로운 경향을 감안하여 미래 방향 도출

- 이렇게 도출된 과제 후보는 34 페이지의 '개선대상 업무 선정을 위한 평가'부터 진행함

별첨 : 기타 과제 도출 방법

규모가 큰 과제(전략과제)는 아래의 Roadmap을 따름

구분					
개념	상위수준 KPI 목표를 세부 목표로 전개하고, 이를 달성하기 위한 세부 과제 도출			세부 과제 수행으로 KPI 목표 달성	
내용	상위수준 KPI 선정	KPI를 부서 또는 논리적인 하위 단위로 세분화하여 할당	세분화된 목표 달성을 위한 세부 과제 선정	세부 과제를 일정에 따라 수행하고, 필요 시 추가 발굴	세부 과제를 완료하여 세부목표를 달성하고, 상위수준의 KPI 목표 달성

* KPI : Key Performance Indicator (핵심 성과지표)

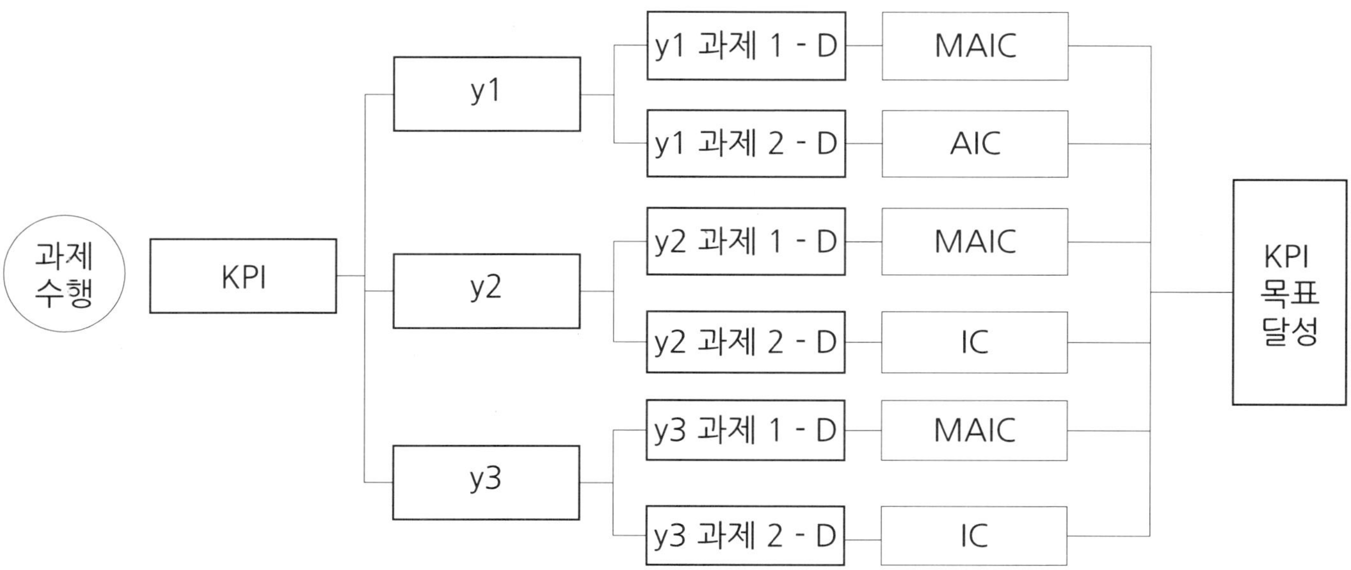

* 이렇게 선정된 세부 과제는 과제 Charter만 작성하고, Define단계를 완료

1.2 과제범위 설정

개선 대상 업무의 구성요소를 확인하여 개선대상을 선정하고, 고객 요구사항 충족을 위해 필요 시 과제범위의 축소 또는 확대를 검토

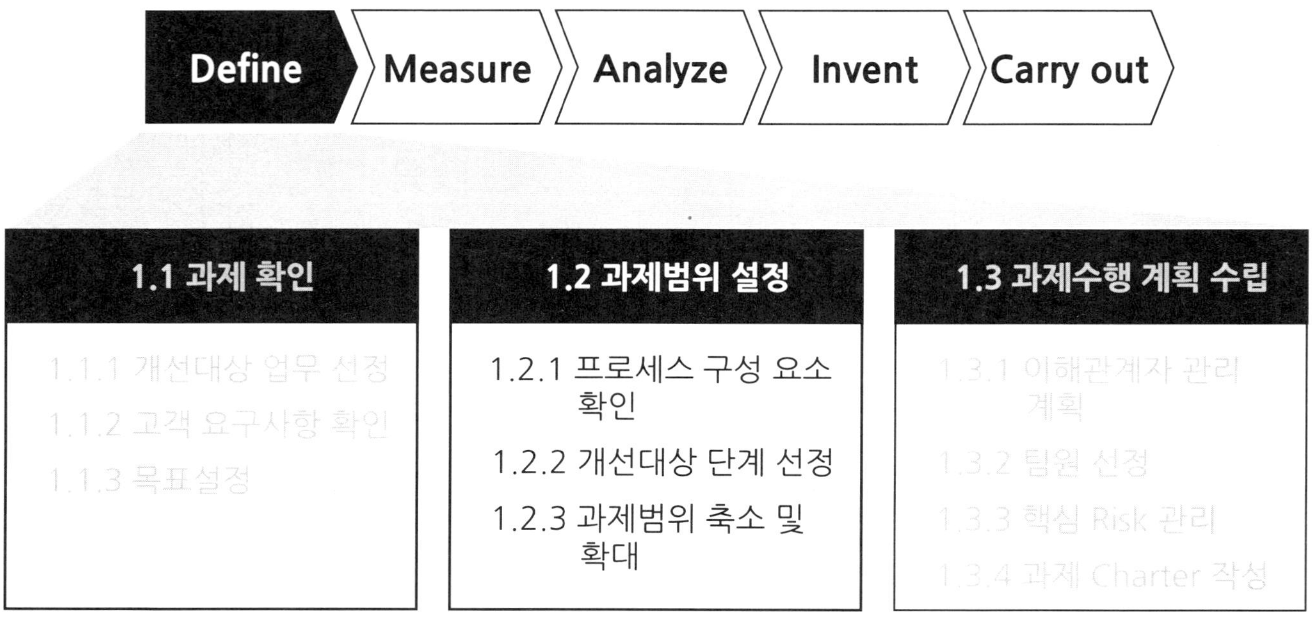

1.2.1 프로세스 구성요소 확인

의미	개선 대상 업무의 구성요소와 프로세스 단계를 확인
세부 활동	개선대상 업무에 대한 Outputs, Customers, Inputs, Suppliers를 확인하고, 프로세스 또는 해결해야 할 문제를 세분화

1.2.1 프로세스 구성요소 확인

과제수행 기간, 과제에 대한 집중도, 난이도, 자원 등을 고려하여 과제 범위를 명확히 설정함

- 프로세스란 Inputs을 Outputs으로 변환시키는 활동 또는 업무들의 집합
- 현재 프로세스의 시작점과 끝점을 확인하여 과제 범위를 정하고, 시작점과 끝점 사이의 순차적인 단계들을 확인 (5~7 단계)
- Outputs, customers, Inputs, Suppliers 순으로 확인

Suppliers	Inputs	Process	Outputs	Customers
		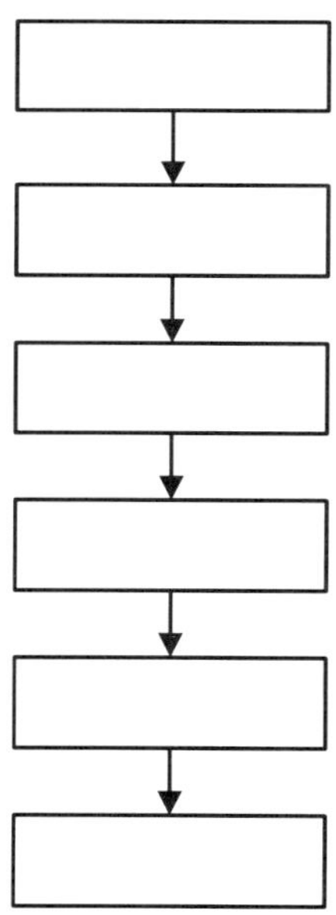		

1.2.1 프로세스 구성요소 확인

프로세스 개선 과제가 아닌 경우 Logic Tree의 What Tree를 이용하여 문제를 세분화함

- Logic Tree 란?
  - 과제를 MECE의 사고방식에 기초해서 나무 모양으로 분해/정리하는 기술로, 문제를 세분화하거나, 원인 파악이나 해결책을 구체화하는데 유용함
  - Logic Tree의 종류는 What, Why, How Tree가 있음
  - 문제 세분화는 What Tree,
근본원인 파악은 Why Tree,
해결안 도출은 How Tree를 사용함

※ Tip
- Level Down 시 MECE화 되지 않을 수 있음
- Logic Tree 2차 Level 까지는 MECE를 유지하고,
3차 Level 이후는 반드시 MECE일 필요는 없음

* MECE : Mutually Exclusive and Collectively Exhaustive

1.2.1 프로세스 구성요소 확인

- What Tree 작성 예

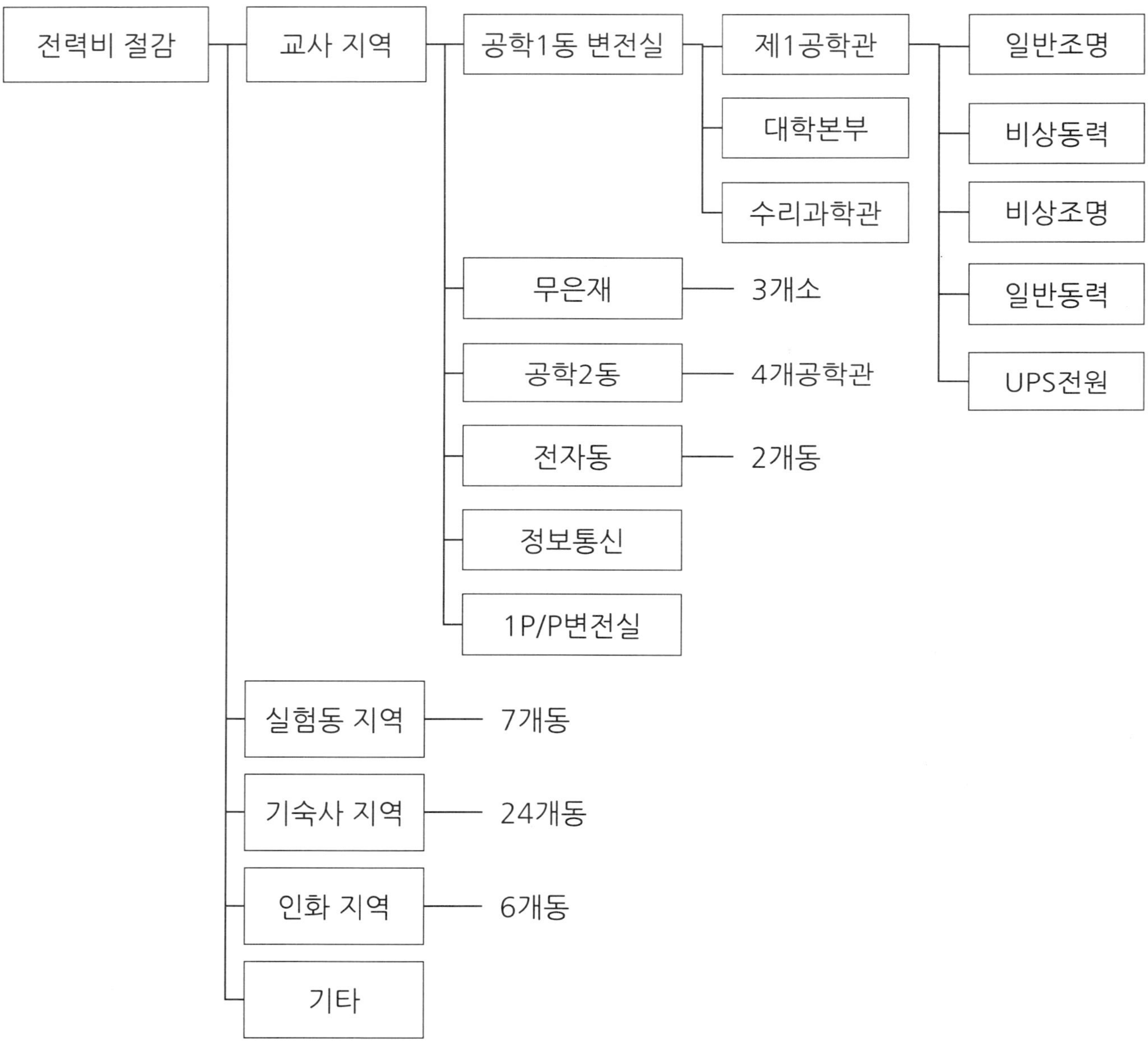

〈실습〉 기존 프로세스 구성요소 확인 : 10분

1. 개선대상 프로세스의 업무 수행 단계를 5~7단계로 분류 후 명명
2. Outputs, customers, Inputs, Suppliers 기록

Suppliers	Inputs	Process	Outputs	Customers
		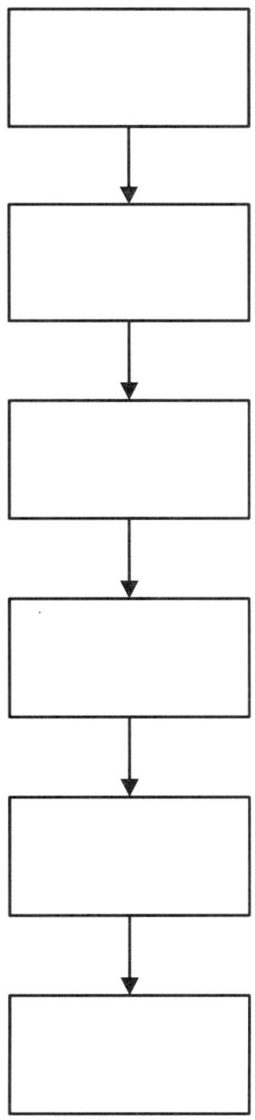		

<실습> 프로세스 구성요소 확인 : What Tree

프로세스 개선과제가 아닌 경우 개선대상의 구성요소를 What Tree를 이용하여 세분화

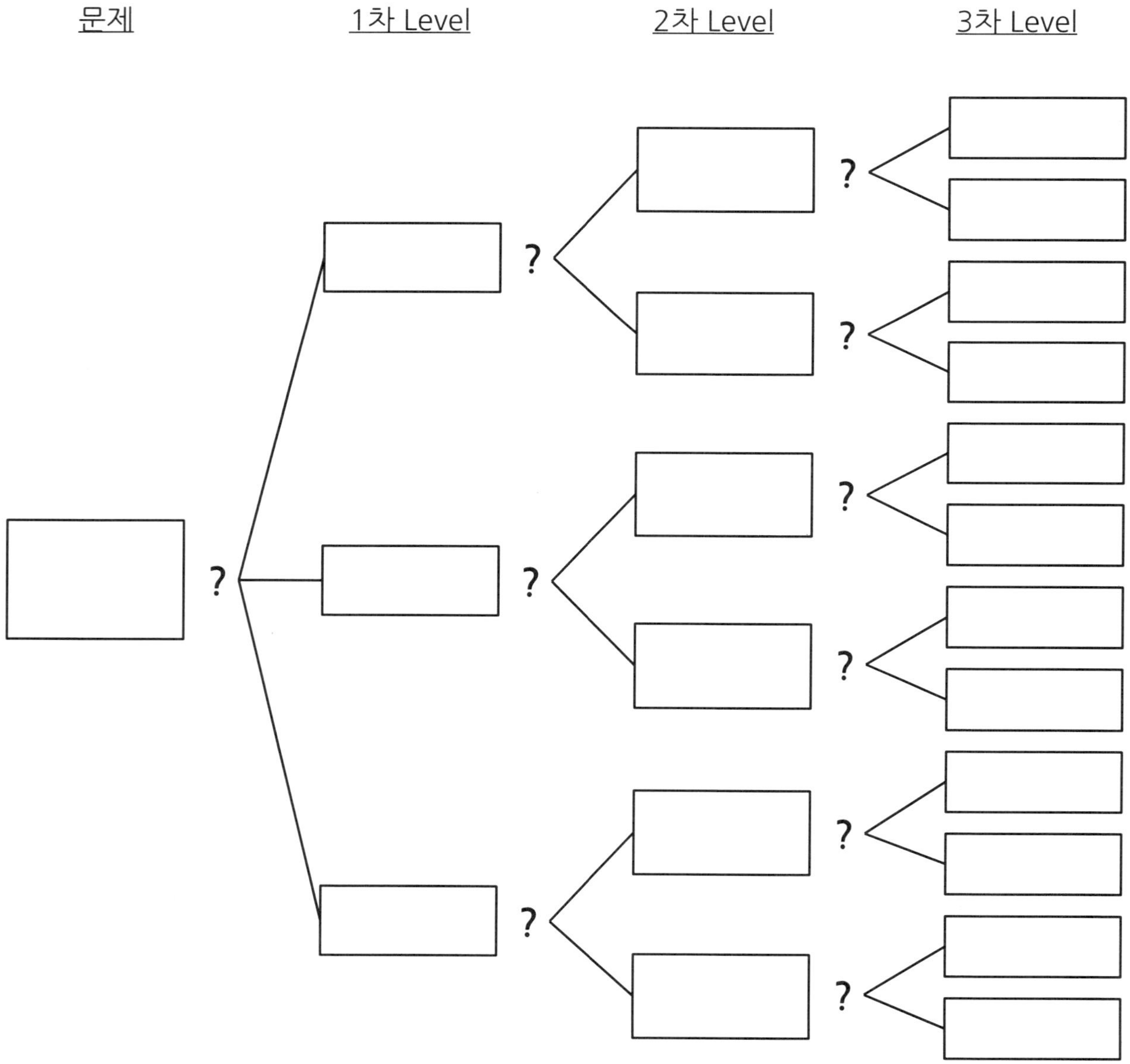

1.2.2 개선대상 단계 선정

의미	개선대상 업무에 대한 프로세스 단계 중 과제에서 개선하고자 하는 단계를 선정
세부 활동	개선가능성, 실행용이성, 고객 요구사항에 대한 기여효과를 고려하여 개선 대상 프로세스 단계를 선정

<실습> 개선대상 프로세스 단계 선정 : 5분

높음 : 3, 보통 : 2, 낮음 : 1

프로세스 단계		개선 가능성	실행 용이성	고객요구사항 기여효과	합계
1					
2					
3					
4					
5					
6					
7					
8					
9					
10					

※ 프로세스 개선 과제가 아닌 경우 Logic Tree 에서 도출된 세분화된 문제를 위 Matrix를 이용하여 평가

1.2.3 과제범위 축소 및 확대

의미	고객 요구사항을 효과적으로 충족시키기 위해 과제범위를 축소 또는 확대
세부 활동	과제목표와 대상 업무의 장래 바람직한 모습 대비 현재의 과제 범위가 적절한지 검토

〈실습〉 과제범위 축소 및 확대 : 10분

1. 과제범위 확대가 필요한 경우, 과제를 수행하는 이유를 경영자 관점에서 도출하고, 그 이유를 해결하는 방안을 새로운 과제로 도출
2. 과제범위 축소가 필요한 경우, 과제를 바로 현업에 적용하지 못하는 이유를 도출하고, 이를 해결하는 방안을 새로운 과제로 도출

현재 과제 명	Question	이유	해결방안
	과제를 수행하는 이유는? (과제범위 확대)		
	과제를 바로 적용하지 못하는 이유는? (과제범위 축소)		

<실습> Nine windows 분석 : 10분

1. 개선대상의 현재 업무 방식을 '현재'와 '시스템'이 만나는 칸에 간략하게 작성
2. 개선대상의 상위수준 프로세스 명을 '현재'와 '상위 시스템'이 만나는 칸에 작성
3. 개선대상의 하위 구성요소를 '현재'와 '하위 구성요소'가 만나는 칸에 작성
4. 개선대상의 과거 업무 방식과 미래 바람직한 방식을 각각 '과거'와 '시스템', '미래'와 '시스템'이 만나는 칸에 간략하게 작성
5. 위의 내용을 참고하여 나머지 빈칸을 작성
6. 과제범위가 어느 칸이 적절한지 검토

구분	과거	현재	미래
상위 시스템			
시스템			
하위 구성요소			

<실습> 세대별 과제 계획 : 10분

1. 신속한 성과 창출을 위해 과제 초기 즉시 개선이 가능한 부분은 1세대에 기록
2. 과제 종료 시점에 개선이 가능한 부분은 2세대에 기록
3. 장래 바람직한 모습은 3세대에 기록

구분	1세대	2세대	3세대
비전			
업무 서비스 컨셉			
필요 기술 또는 구현 아이디어			
적용시점			

* 또는 단기, 중기, 장기 관점에서 세대별 과제 계획 수립

<실습> 과제범위 기술서 작성

1. 프로세스 명 : 개선대상 프로세스 명
2. 프로세스 오너 : 해당 프로세스에 책임이 있는 부서장
3. 프로세스 개요 및 목적 : 이해관계자의 이해를 돕기 위한 프로세스에 대한 설명
4. 시작점 / 끝점 : 프로세스의 첫 번째 단계와 마지막 단계
5. 과제범위 포함 / 제외 : 과제범위에 포함하거나 제외하는 프로세스 단계나 고객, 프로세스 산출물 등
6. 프로세스의 역할과 책임 : 프로세스가 고객을 위해 수행하는 역할과 책임
7. 프로세스 결과에 대한 성공 판단기준 : 프로세스가 성공적으로 수행되었다는 것을 판단할 수 있는 기준으로 측정이 어려워도 괜찮음

과제범위 기술서			
프로세스 명		프로세스 오너	
프로세스 개요 및 목적			
시작점		끝점	
과제범위 포함		과제범위 제외	
프로세스의 역할과 책임		프로세스 결과에 대한 성공 판단기준	

1.3 과제수행 계획 수립

과제관련 이해관계자와 핵심 Risk에 대한 관리계획을 수립하고, 과제 Charter를 작성하여 과제를 명확히 정의

1.3.1 이해관계자 관리 계획

의미	과제에 대한 이해관계자의 관심사를 이해하고, 변화관리 계획을 수립
세부 활동	이해관계자의 과제에 대한 지원과 저항의 정도, 저항 이유를 확인하여 저항감소 계획을 수립

<실습> 이해관계자 관리 계획 : 5분

1. 누가 과제의 결과에 직접적으로 영향을 받는지 확인
2. 누가 과제에 직접적인 영향력을 가지는지 확인
3. 누가 다른 이해관계자에게 영향을 미칠 수 있는지 확인
4. 저항 감소 방안 도출
   - 과제에 참여 유도(과제 팀원, 과제관련 정기회의), 교육/커뮤니케이션, 협상, 과거 경험자의 경험담

● 현재의 지원 수준
○ 바람직한 지원 수준

No.	핵심 이해관계자	조직내 직위	과제 결과가 이해관계자에게 미치는 영향도 (H,M,L)	과제에 대한 영향력 (H,M,L)	요구사항	현재/바람직한 지원 수준					저항/지원의 이유	저항 감소 계획
						강한 저항	저항	중립	지원	강한 지원		
1							● →	→	→	○		
2												
3												
4												
5												
6												
7												

1.3.2 팀원 선정

의미	과제를 함께 해결할 팀원을 선정
세부 활동	과제수행을 위해 필요한 역할을 정의하고, 업무 Skills, 경험, 동기부여, 인지유형을 고려하여 팀원을 선정

1.3.2 팀원 선정

- 과제를 함께 해결할 팀원 선정 시 과제 관련 Skills, 경험, 동기부여, 인지유형을 고려

- 인지유형이란 문제를 해결할 때 개인이 선호하는 접근방법

적응형	혁신형
• 과거의 성공 경험에 기반하여 아이디어를 탐색 • 즉시 사용해도 안전한 소수의 아이디어 도출 • 해결안 설계와 실행 시 기여	• 전제사항에 의심을 가지고, 문제를 기발한 방법으로 해결하길 소망 • 많은 비현실적인 아이디어를 도출하고, 아이디어 실패를 감내 • 혁신기회 발견과 아이디어 도출 시 기여

- 인지유형에 대한 이해
  - 모든 사람은 창의적이고, 문제 해결 가능
  - 인지유형은 지식이나 능력과는 무관
  - 인지유형은 유전적으로 결정됨
  - 조직의 성장을 위해서는 적응형과 혁신형 둘 다 필요

- 인지유형 확인 (아래 3가지가 모두 Yes 이면 혁신형 성향)
  - 이미 수립된 규정이나 전제사항에 이의를 제기하는가?
  - 세부적인 사항을 이야기하면 괴로워하는가?
  - 구체적인 실행에는 관심 없이 새로운 아이디어들을 계속 만들어내는가?

<실습> 팀원 선정 : 5분

1. 성공적인 과제수행을 위해 필요한 역할을 정의
2. 해당 역할을 수행 가능한 팀원 후보 나열
3. 과제관련 역량 평가
4. 과제 활동에 시간 할애가 가능한지 확인

* Skills, 경험, 동기유발 : H, M, L

팀원 후보명	직위	소속팀	과제관련 역량				시간 할애 가능	역할
			인지 유형	Skills	경험	동기 유발		

1.3.3 핵심 Risk 관리

의미	과제와 관련된 잠재적인 Risk를 확인하고, 관리계획을 수립
세부 활동	과제 시작시점에는 당연하다고 여겨지지만, 점검되지 않으면 나중에 치명적인 결과를 초래할 사항들을 도출하고, 검증 방법과 검증일정 계획을 수립

1.3.3 핵심 Risk 관리

과제 초기에 도출된 잠재적인 Risk들은 과제를 진행함에 따라 검증되어야 하고, 이렇게 검증된 Risk들에 의해 과제를 계속 진행할 지, 중단할 지 결정해야 함

- 잠재적인 Risk
    - 지금은 당연하다고 여기지만 나중에 문제될 사항은 없는가?
    - 점검되지 않으면 과제에 치명적인 결과를 초래할 사항은 무엇인가?

- 시간, 돈, 자원을 너무 많이 투입하기 전에 과제의 실현가능성을 체계적으로 평가
- DMAIC 단계마다 검증해야 할 핵심 Risk를 할당

단계	핵심 Risk	검증방법	검증기한
Define			
Measure			
Analyze			
Invent			
Carry out			

<실습> 핵심 Risk 관리계획 : 10분

1. 잠재적인 Risk 도출
2. 검증방법과 검증기한을 설정

No.	핵심 Risk	검증방법	검증기한
1			
2			
3			
4			
5			
6			
7			
8			
9			
10			

1.3.4 과제 Charter 작성

의미	팀의 과제에 대한 초점을 올바르게 유지하고, 이해관계자와의 효율적인 커뮤니케이션을 위해 과제 Charter를 작성
세부 활동	과제의 Define단계 진행 결과를 바탕으로 과제 Charter의 각 항목을 작성

1.3.4 과제 Charter 작성

▪ 과제 Charter 항목별 작성방법

항목	작성내용	작성 예
과제명	(대상) (수단)으로 (목표)	• 제1공학관 실험실 냉각수 재활용으로 급수비 절감
챔피언	챔피언의 성명과 직위	• 홍길동 처장, 이순신 부장
과제리더	과제리더의 성명과 직위	• 김기영 팀장
과제수행방법론	과제수행 방법론 이름	• DMAIC, 즉실천
개선대상 업무	개선대상 업무 또는 프로세스	• 직원 교육 프로세스
고객	과제 대상 고객	• 총장, 학사처장, 총무안전팀, 학생
고객 요구사항	개선대상 고객 요구사항	• 안전사고 가능성 최소화 7→10점
기대효과	과제의 년간 기대효과	• 년간 업무 처리시간 300hrs 단축
과제 투자비용	과제수행에 투자되는 비용	• 500만원 (인건비, 재료비, 경비)
기존 해결안	과제에 대한 현존하는 해결안	• OO대학 OO 관리 시스템
개선 방향성	과제에 대한 개선 방향	• OO 시스템 내 OO 기능 추가
검증 대상 Risk	검증해야 하는 핵심 Risk	• OO팀에서 OO안 적극 수용
과제단계	과제수행의 주요 단계	• Define, Measure… • 설계, 업체선정, 구축, 시험, 완료
팀원	프로세스 오너와 팀원의 성명, 소속, 역할과 책임	• 이순신 차장, 프로세스 오너

<실습> 과제 Charter 작성 : 20분

<table>
<tr><td colspan="2">과제 Charter</td><td>챔피언</td><td></td></tr>
<tr><td rowspan="2">과제명</td><td rowspan="2"></td><td>과제리더</td><td></td></tr>
<tr><td>과제수행 방법론</td><td></td></tr>
</table>

<table>
<tr><td>개선대상 업무</td><td>과제선정배경</td></tr>
<tr><td></td><td></td></tr>
</table>

<table>
<tr><td rowspan="2">고객</td><td colspan="3">개선대상 고객 요구사항</td></tr>
<tr><td>고객 요구사항</td><td>현수준</td><td>목표</td></tr>
<tr><td rowspan="3"></td><td></td><td></td><td></td></tr>
<tr><td></td><td></td><td></td></tr>
<tr><td></td><td></td><td></td></tr>
</table>

<table>
<tr><td>기대효과</td><td>과제 투자 비용</td></tr>
<tr><td></td><td></td></tr>
</table>

<table>
<tr><td rowspan="2">기존 해결안</td><td rowspan="2">개선 방향성</td><td colspan="2">검증 대상 Risk</td></tr>
<tr><td>Risk</td><td>계획일</td></tr>
<tr><td></td><td></td><td></td><td></td></tr>
</table>

<table>
<tr><td rowspan="2">과제 단계</td><td rowspan="2">계획일</td><td rowspan="2">실제</td><td colspan="3">팀원</td></tr>
<tr><td>성명</td><td>소속</td><td>역할과 책임</td></tr>
<tr><td></td><td></td><td></td><td></td><td></td><td></td></tr>
<tr><td></td><td></td><td></td><td></td><td></td><td></td></tr>
<tr><td></td><td></td><td></td><td></td><td></td><td></td></tr>
<tr><td></td><td></td><td></td><td></td><td></td><td></td></tr>
<tr><td></td><td></td><td></td><td></td><td></td><td></td></tr>
</table>

2

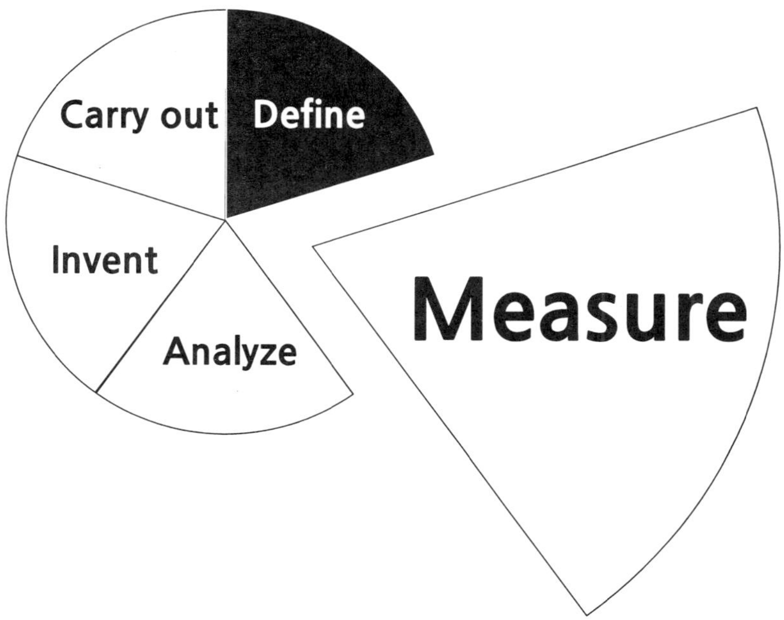

Measure Framework

현상분석을 통해 세부 개선기회를 확인하고, 고객 불만을 야기하는 세부 활동에 대하여 근본원인을 도출

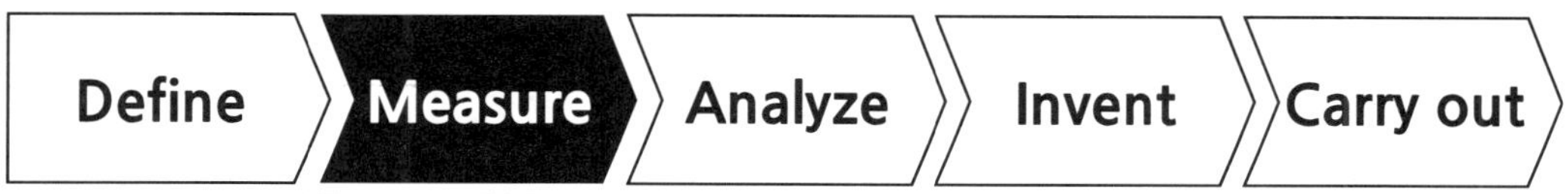

2.1 현상분석	2.2 잠재원인 확인	2.3 근본원인 선정
2.1.1 프로세스 세분화	2.2.1 잠재원인 도출	2.3.1 근본원인 선정
2.1.2 부가가치 분석	2.2.2 잠재원인 체계화	

2.1 현상분석

개선대상 업무의 세부 활동들을 확인하고, 어디에 개선기회가 있는지 확인

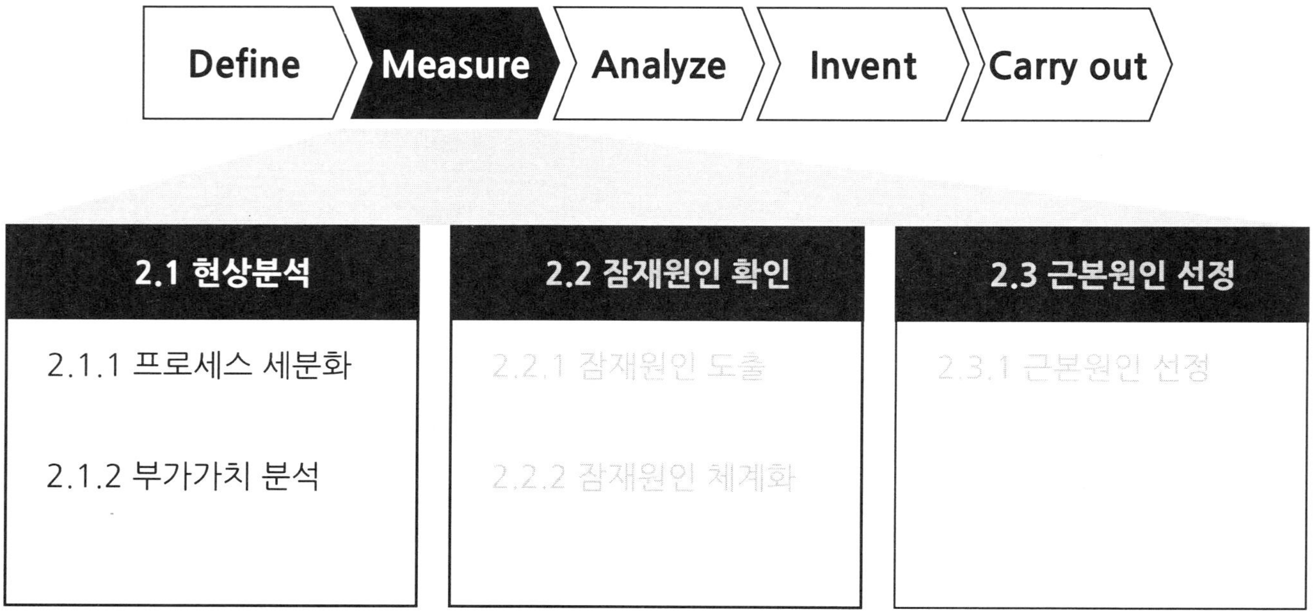

2.1.1 프로세스 세분화

의미	개선대상 업무에 대한 프로세스 맵을 작성
세부 활동	현재의 업무 서비스를 제공함에 있어서 프로세스 단계 내 어떤 활동들이 행해지고, 활동에 대한 책임은 누구이고, 어떤 순서로 행해지는지 확인

2.1.1 프로세스 세분화

- 프로세스 맵의 정의
    - 프로세스를 구성하는 단계와 활동들을 도식화한 것
    - 프로세스가 조직의 부서 내에서 어떻게 구성되고, 시간의 흐름에 따라 어떻게 움직이는지 분석
    - 업무 서비스 제공 시 관찰되는 고객의 경험을 제공받는 산출물, 참가자, 사용도구, 사용 환경, 의사소통 내용 및 방법 관점에서 파악

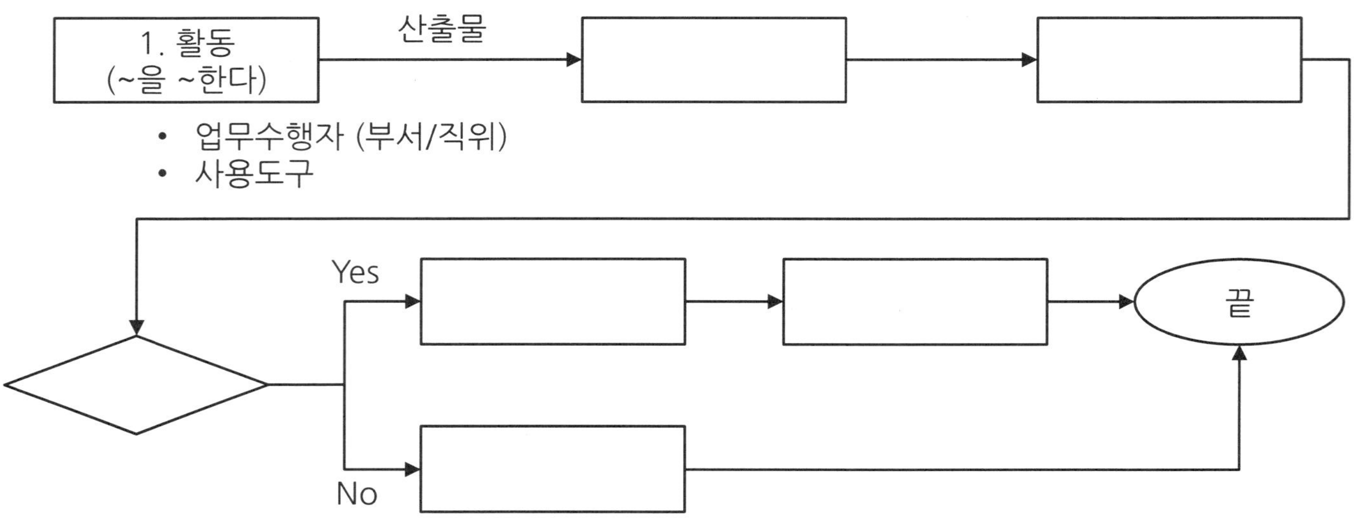

2.1.1 프로세스 세분화

- 자주 활용되는 프로세스 맵핑 기법
  - Top-down chart
    ✓ 상위 프로세스와 하위 프로세스를 계층적으로 문서화하여 프로세스의 신속한 파악 또는 새로운 프로세스를 설계할 때 사용
  - FDPM
    ✓ 프로세스 단계 내 하위 활동들의 순서, 의사결정, 책임, 처리시간 등을 나타내는데 사용

프로세스의 계층 용어 정의

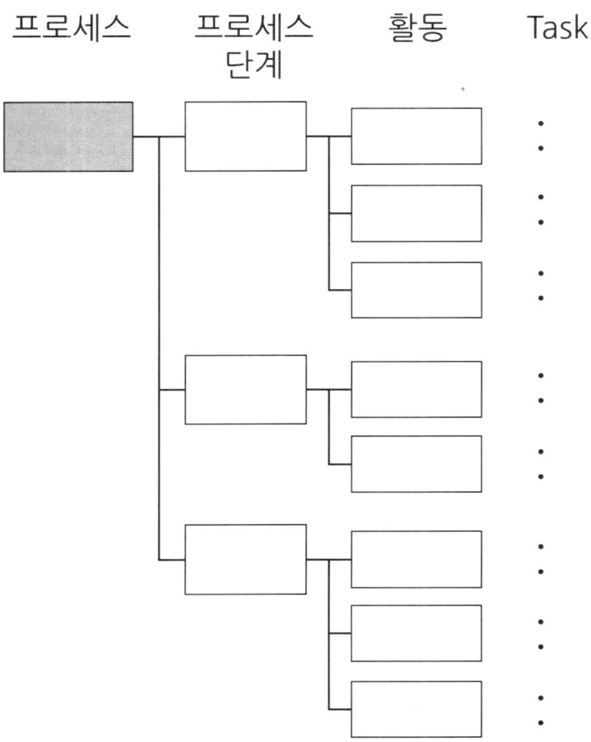

기능전개 프로세스 맵 (FDPM)

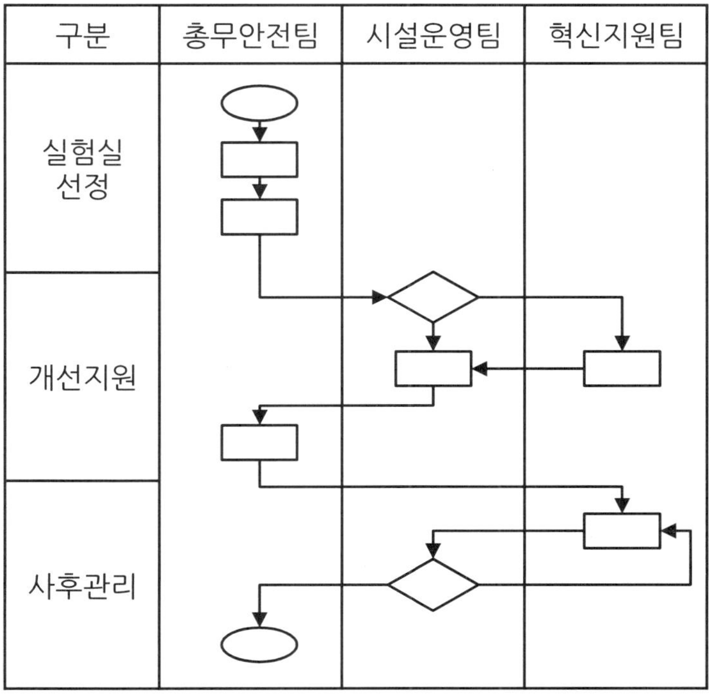

* FDPM : Functional Deployment Process Map

2.1.1 프로세스 세분화

- Top-down chart 작성법
  - 개선대상 프로세스의 시작점과 끝점 확인
  - 시작점과 끝점을 포함하여 5~7개 정도의 주요 단계를 확인하고, 그 단계를 가로로 배열
  - 각 단계들에 대하여 3~7개의 하부 활동들로 분해하고, 각 단계 아래에 기록
  - 작성된 맵을 검토하고 필요 시 수정

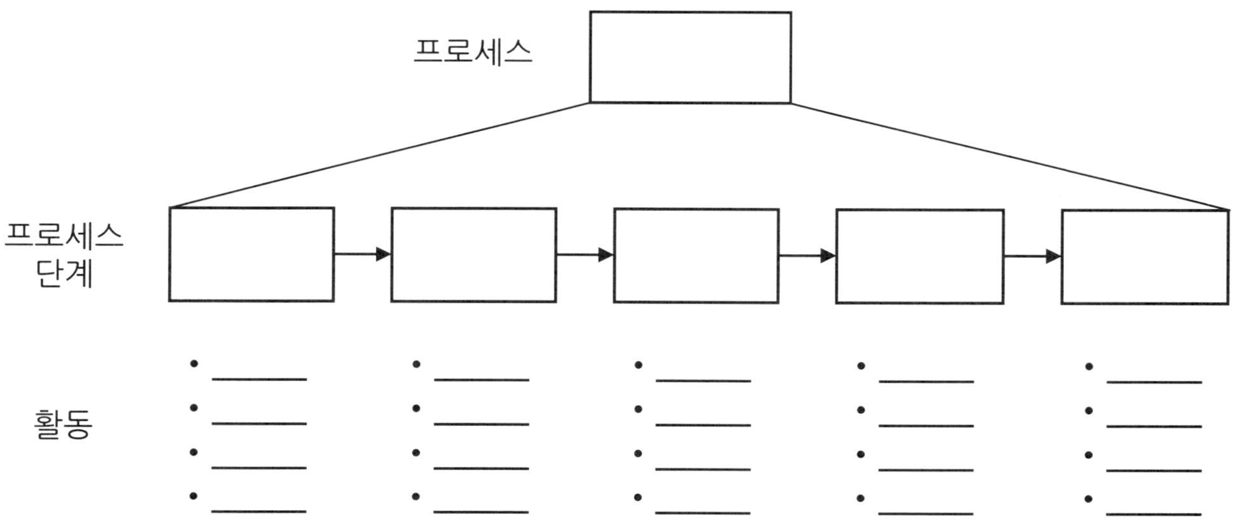

2.1.1 프로세스 세분화

- FDPM 작성법
  - 프로세스의 시작점과 끝점을 정의
  - Top-down Chart 에서 도출한 프로세스 단계들을 좌측 열에 기록
  - 각 단계들이 수행되는 위치, 업무기능, 부서 등을 상단 열에 기록
  - 프로세스를 구성하는 활동과 의사결정 내용을 확인
  - 활동들이 실제로 수행되는 순서를 확인
  - 기능전개 프로세스 맵 완료

- 사용되는 기호

기호	이름	설명
	시작점과 끝점	프로세스의 경계
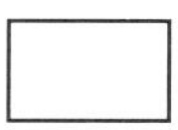	활동	프로세스 상에서 수행되는 활동들
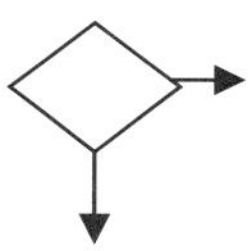	의사결정	의사결정 내용
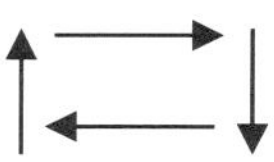	화살표	프로세스의 흐름 / 방향
	프로세스 연결점	다른 페이지나 프로세스로의 연결
A1, D1	활동, 의사결정 번호	활동, 의사결정의 수행순서

〈실습〉 Top-down chart 작성 : 15분

1. 개선대상 프로세스 명과 프로세스 단계 (5~7개)를 기입
2. 각 프로세스 단계별로 세부 활동 (3-7개)을 기입

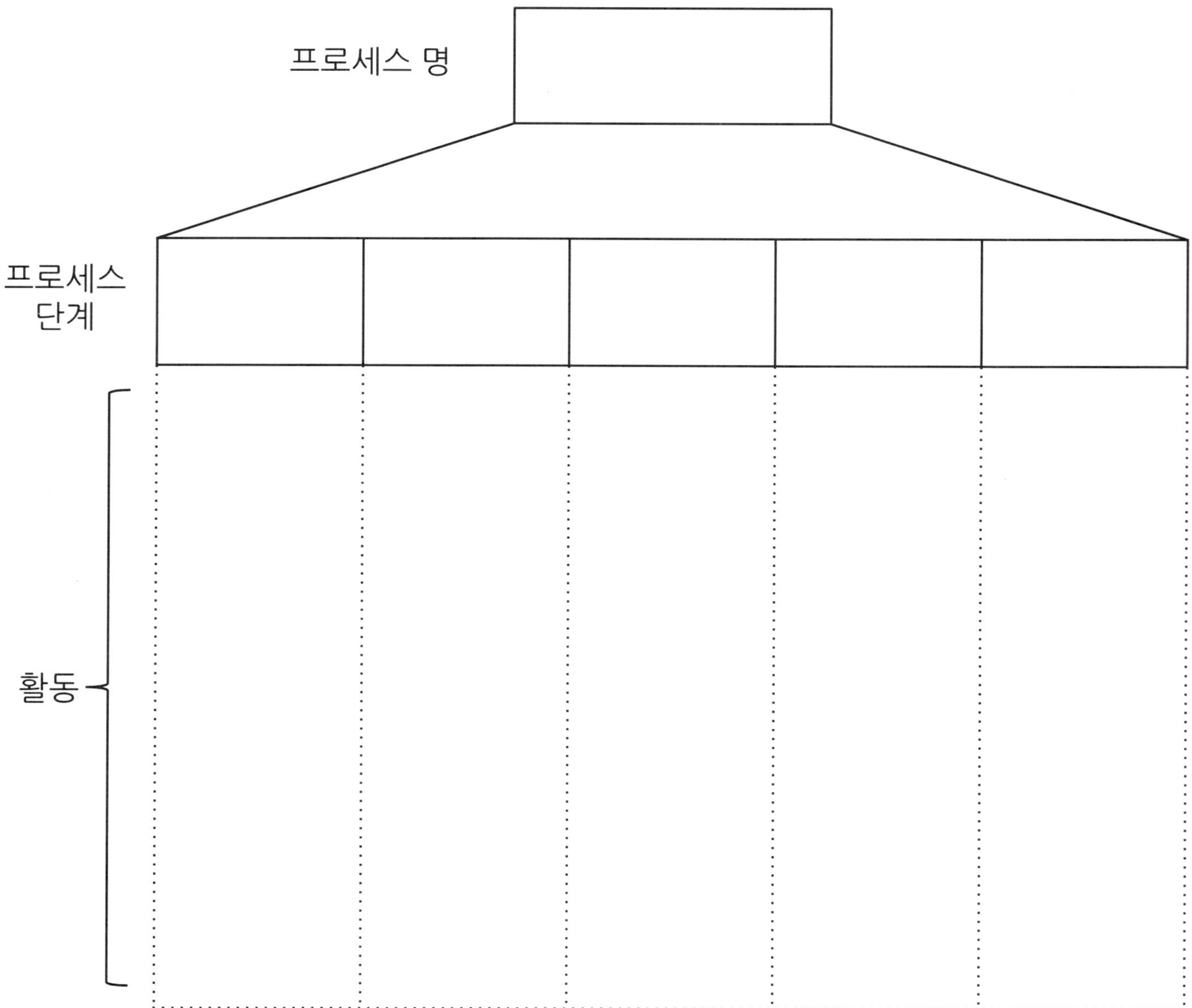

〈실습〉 기존 프로세스 맵핑 : 15분

단일 부서 내 비교적 적은 수의 활동들로 구성된 과제의 경우 Top-down chart에서 도출된 활동들을 나열하고, 산출물, 업무수행자, 활동 시 사용도구를 기입

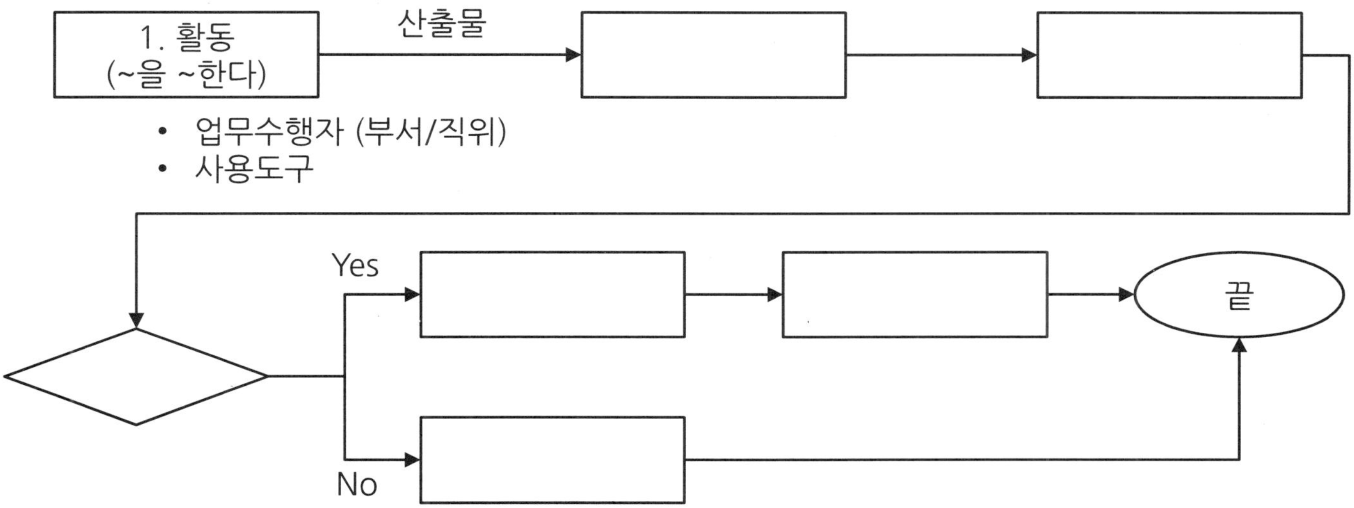

<실습> 기존 프로세스 맵핑 - 계속

과제범위가 여러 부서의 활동들로 구성된 과제는 FDPM을 작성

1. 상단 열에 활동에 대한 책임 또는 부서명을 기록
2. 좌측 열에 프로세스 단계를 기록
3. FDPM에서 사용되는 기호를 이용하여 앞에서 도출된 활동들을 도식화

구분				

2.1.2 부가가치 분석

의미	프로세스 단계별 세부 활동들에 대하여 비효율성과 개선기회를 확인
세부 활동	부가가치 활동의 개념을 이해하고, 프로세스 세분화를 통하여 파악된 프로세스 단계별 활동들에 대하여 Time, Cost, Value added, Gap 관점에서 개선기회를 확인

2.1.2 부가가치 분석

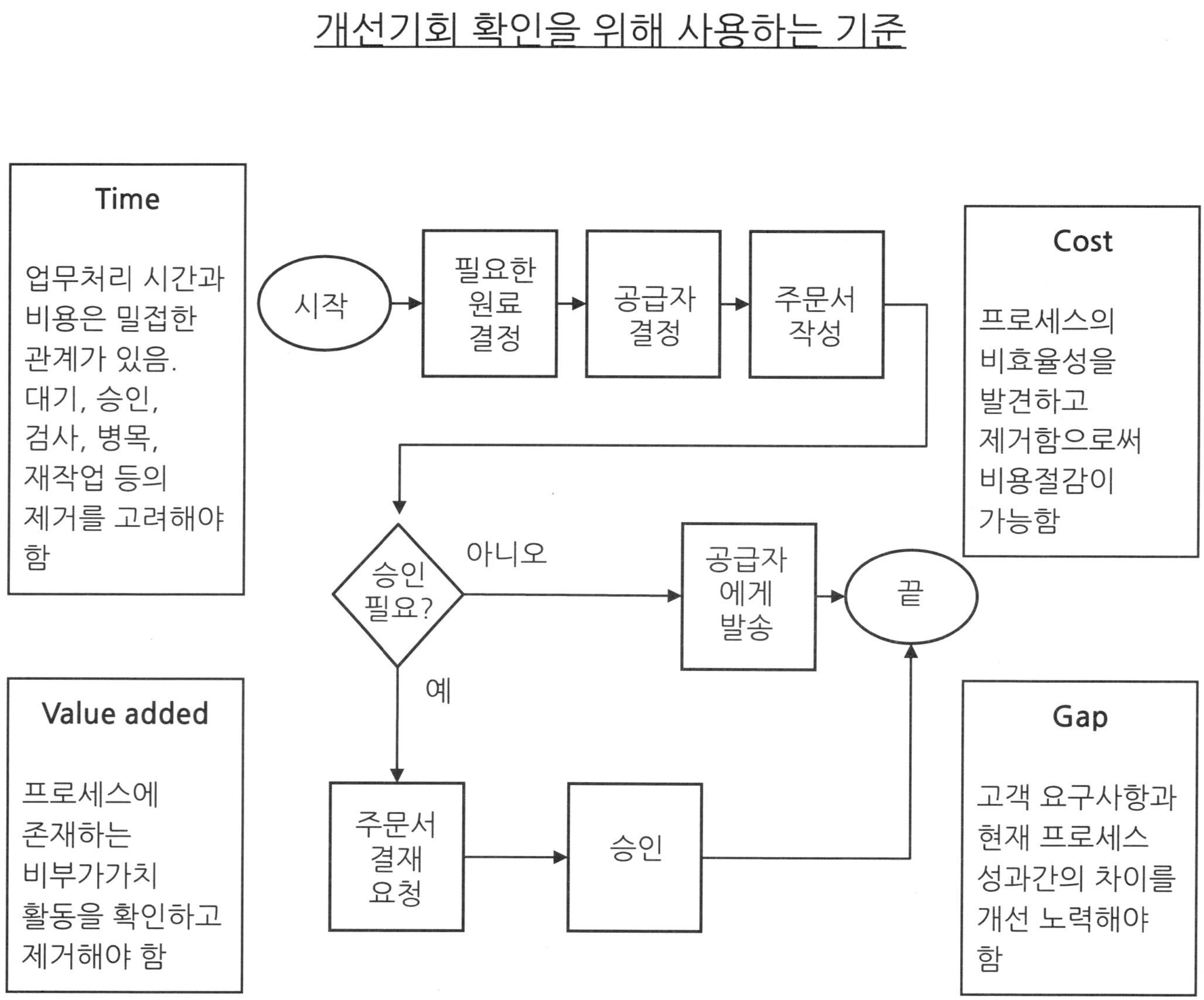
개선기회 확인을 위해 사용하는 기준
Time
업무처리 시간과 비용은 밀접한 관계가 있음. 대기, 승인, 검사, 병목, 재작업 등의 제거를 고려해야 함
시작
필요한 원료 결정
공급자 결정
주문서 작성
Cost
프로세스의 비효율성을 발견하고 제거함으로써 비용절감이 가능함
승인 필요?
아니오
공급자에게 발송
끝
예
Value added
프로세스에 존재하는 비부가가치 활동을 확인하고 제거해야 함
주문서 결재 요청
승인
Gap
고객 요구사항과 현재 프로세스 성과간의 차이를 개선 노력해야 함

2.1.2 부가가치 분석

- 시간 분석

프로세스 단계	활동	활동내용	수행부서	직위	사용도구	산출물	프로세스 타임(분)		사이클 타임 (시간)
							최소	최대	
합계									

- 프로세스 단계 : 개선대상 프로세스의 하부 단계 명
- 활동 : 프로세스 단계 내 활동의 명칭 (예, 1. 주문을 접수한다)
- 활동내용 : 활동이 실제로 어떻게 이루어지는지 기술
- 수행부서 : 활동 수행 부서
- 직위 : 활동 수행자의 조직 내 직위 (예, 학생, 교수, 팀원, 팀장, …)
- 사용도구 : 활동을 수행하는데 사용하는 도구 (예, OOO양식, 전화, email 등)
- 산출물 : 해당 활동 종료 후 다음 활동에게 전달하는 산출물의 명칭
- 프로세스 타임 : 해당 활동에 집중하여 정상적으로 수행하는데 소요되는 시간
- 사이클 타임 : 타 업무, 회의, 출장 등 기타 사유를 반영하여 실제 해당 활동을 완료하는데 소요되는 시간 (경험을 바탕으로 추정)

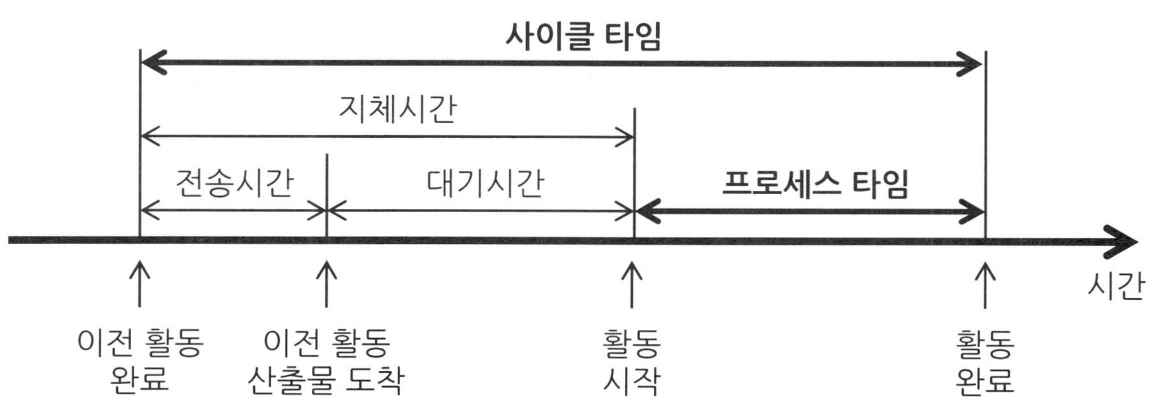

〈실습〉 시간분석 : 20분

프로세스 타임과 사이클 타임은 측정이 용이한 경우에는 측정하되, 그렇지 않은 경우에는 기존의 업무 경험으로 추정

프로세스 단계	활동	활동내용	수행 부서	직위	사용도구	산출물	프로세스 타임(분)		사이클 타임 (시간)
							최소	최대	

2.1.2 부가가치 분석

- 비용 분석

프로세스 단계	활동	프로세스 타임(분)	단위 활동당 비용 (원)			
			재료비	노무비	경비	합계

  - 재료비 : 활동 수행 시 사용하는 도구/재료에 대한 비용
  - 노무비 : 활동을 수행하는 직원의 노무비 (연봉, 복리후생비 포함)
  - 경비 : 활동을 수행하는데 소요되는 일반 경비 (사무실 비품, 유틸리티 비용, 세금, 보험, 사무실 사용료, 컴퓨터 관련 비용 등)

- 비용 계산을 위한 기초자료
  - 프로세스 타임 (분), 개선대상 프로세스의 연간 발생건수
  - 도구/재료비
  - 활동수행자의 년간 근무시간(시간, 분), 연봉, 연봉대비 복리후생비율
  - 노무비대비 표준경비율

- 비용 계산의 로직
  - 재료비 : 활동으로 인해 건당 직접 발생하는 비용을 계산 (자재구입비, 출장비, 정보서비스 이용료, 용역비 등)
  - 노무비 : 활동수행자의 년간 급여와 복리후생비로부터 분당 노무비를 계산하여 프로세스 타임과 곱함
  - 경비 : 활동수행자의 노무비대비 표준경비율로부터 분당 경비를 계산하여 프로세스 타임과 곱함

〈실습〉 비용분석 : 20분

프로세스 단계	활동	프로세스 타임(분)	단위 활동당 비용 (원)			
			재료비	노무비	경비	합계

2.1.2 부가가치 분석

- 부가가치 활동 분석
  - 프로세스 내 모든 활동들은 최종 산출물에 비용을 더해가므로, 고객이 그 활동을 알 경우 기꺼이 비용을 지불할 의사가 있는지 검토
  - 활동은 고객 요구사항 충족에 기여하는가?

프로세스 단계	활동	활동구분				
		승인/검사	VA	BVA	NVA	중복
					X	
		X				
			X			
				X		X

구분	판단기준
승인/검사	• 법규, 규제, 세금, 감사와 관련된 승인 또는 검사를 제외한 활동
VA (Value Added)	• 고객이 대가를 지불할 의사가 있는 활동 / 서비스 변환에 직접적인 활동 / 한번에 제대로 업무를 수행하는 것과 관련된 활동
BVA (Business Value Added)	• 법규, 규제 등에 의해 필요한 활동 / 환경, 안전관련 활동 • VA 활동을 더 잘 수행하기 위한 능력 향상 활동
NVA (Non-Value Added)	• VA와 BVA가 아닌 모든 활동 ✓ 재작업, 재계산, 교정, 검토, 검사, 확인, 승인, 이동, 보관, 대기, 검색, 분류, 비표준작업
중복	• 두 그룹이 동일한 업무 프로세스에 참여하고, 개별적으로 데이터를 보유 • 두 사람이 동일한 업무를 수행

2.1.2 부가가치 분석

- Opportunity Flowchart

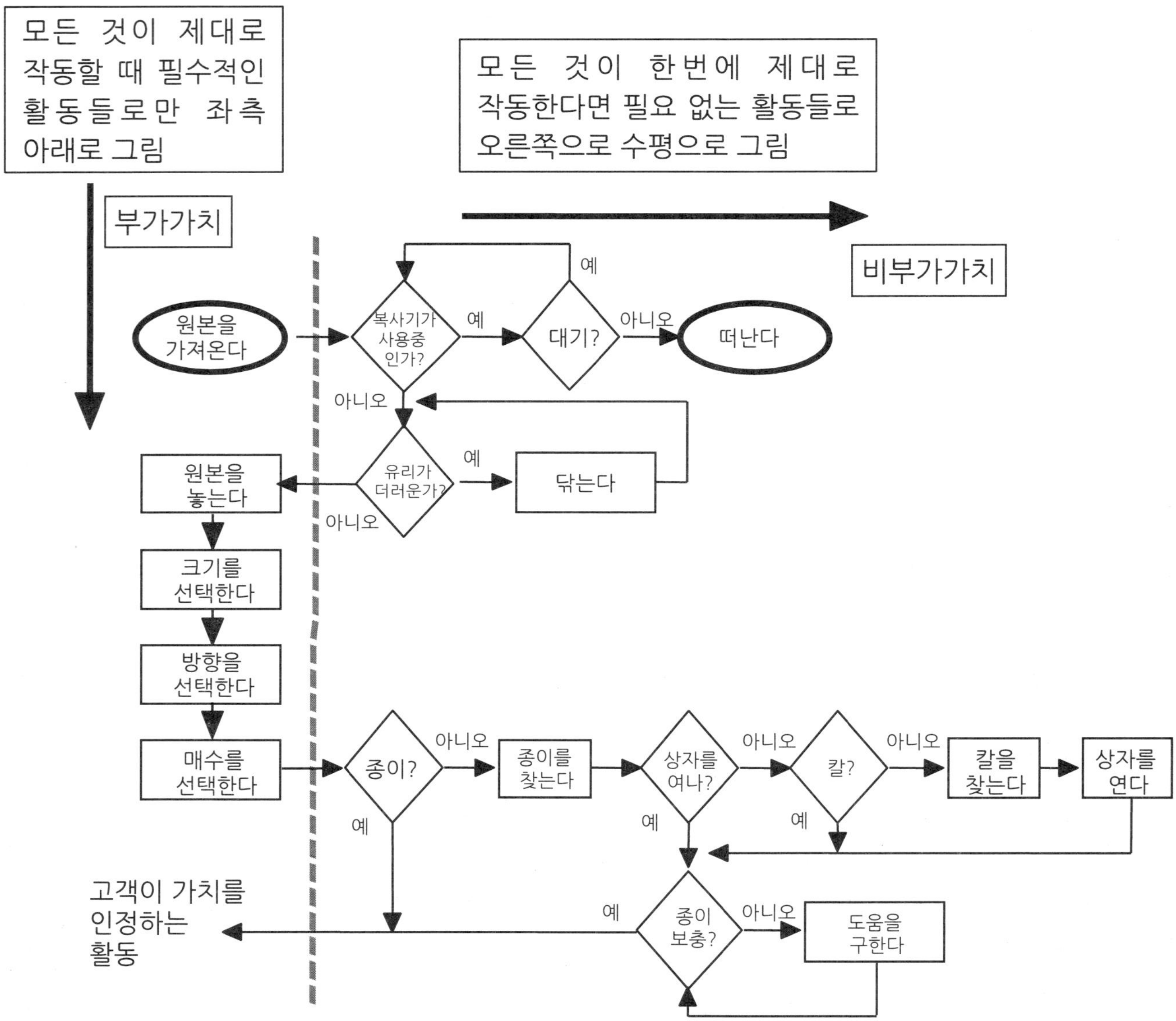

2.1.2 부가가치 분석

- Value Analysis Matrix

활동	1	2	3	4	5	6	7	8	9	10	Total	%Total
시간 (Hours)	12	10	1	10	20	6	10	1	10	20	100	100%
부가가치 활동			✔					✔			2	2%
비부가가치 활동												
에러 수정									✔		10	10%
준비												
검사/통제						✔					6	6%
대기	✔				✔					✔	52	52%
운송/이동		✔		✔			✔				30	30%
Total											100	100%

<u>비부가가치 (Non-Value Added) 활동 예</u>

- Copying (복사)
- Collating (대조)
- Counting (집계)
- Expediting (발송)
- Preparing (준비)
- Searching (찾기)
- Accumulating (쌓기)
- Reviewing (검토)

- Editing (편집)
- Checking (검사)
- Revising (수정)
- Approving (승인)
- Storing (저장)
- Filing (서류철)
- Retrieving (되찾기)
- Moving (이동)

- Inspecting (검사)
- Queuing (줄서기)
- Waiting (대기)
- Sorting (분류)
- Reworking (재작업)

<실습> 부가가치 활동 분석 : 20분

프로세스 단계	활동	활동구분				
		승인/검사	VA	BVA	NVA	중복

〈실습〉 Gap 분석 : 15분

활동과 고객 요구사항 간의 상관관계를 확인하여 고객 요구사항의 만족도에 영향을 주는 개선대상 활동들을 선정 (다음 단계에서 잠재원인 도출)

1. 우측 상단 열에 개선대상 고객 요구사항을 기록
2. 좌측 열에 프로세스 단계와 활동을 기록
3. 각 활동이 고객 요구사항에 어느 정도 영향을 주는지 평가

△ : 약한, ○ : 보통, ◎ : 강한 상관관계

프로세스 단계	활동	고객 요구사항			

2.2 잠재원인 확인

세부 활동들에 대하여 비효율성과 고객 불만을 야기하는 잠재원인을 도출하고 체계화

2.2.1 잠재원인 도출

의미	고객불만을 발생시키는 잠재원인을 도출
세부 활동	충분한 지식을 갖춘 팀 활동을 통해 고객불만을 발생시키는 프로세스 단계 내 활동들에 대해 5Whys 관점으로 잠재원인을 도출

2.2.1 잠재원인 도출

- 먼저, 잠재원인의 범주를 결정
  Ex) Man, Machine, Material, Method, Measurement, Environment

- 각 잠재원인 범주에 대하여, 모든 잠재원인을 도출
  - 범주 순서대로 도출하거나, 범주와 관계없이 도출한 다음 정리해도 무방
  - 각 잠재원인에 대하여 5Whys 관점에서 근본원인을 추구

- 5 Whys 사례
  - 한 연구 보고서
    - ✓ 체육 수업 후 고등학생들의 과반수이상이 샤워를 하지 않는다
    - ✓ 학생들은 체육시간에 체육활동을 충분히 하지 않는다
    - ✓ 학생들은 샤워하기 싫어서 땀 흘리게 운동하지 않는다
    - ✓ 우리는 학생들이 학교에서 충분히 운동하도록 조치해야 한다
  - 다른 조사기관 의견
    - ✓ 이 보고서는 학생들이 체육시간 후 샤워하지 않는 이유를 정확히 지적하지 못했다
    - ✓ 학생들이 샤워를 꺼려하는 것은 따돌림이나 창피당하는 것에 대한 두려움 때문이다
    - ✓ 어떤 학생들은 친구들 앞에서 탈의하는 것을 매우 감당하기 어려워한다
    - ✓ 학교에서는 이 문제를 해결해야 한다

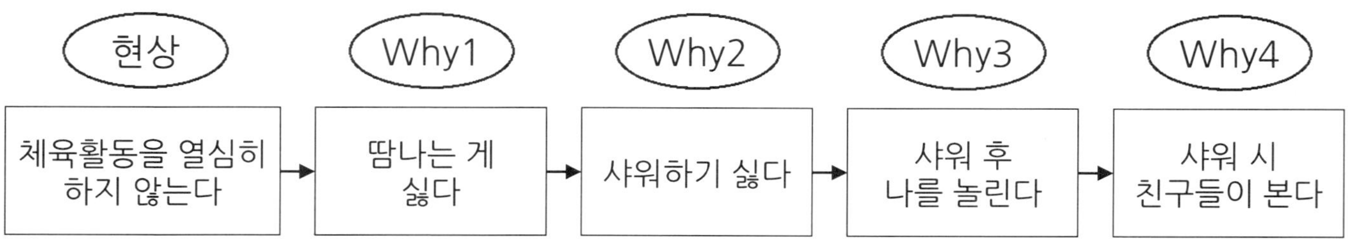

2.2.1 잠재원인 도출

- 5 Whys의 개념

  - 5 Whys의 목적은 사람을 비난하기 위한 것이 아니라, 프로세스의 결점을 파악하기 위한 도구

> "고객 요구사항을 충족시키지 못하는 이유의 85%는 직원 때문이 아니라, 시스템과 프로세스의 결함 때문이다. 관리자의 역할은 프로세스를 바꾸는 데에 있지, 더 일을 잘하라고 직원을 괴롭히는데 있지 않다."
>
> *W. Edwards Deming*

  - 5회 되풀이에 얽매이지 말고, 적은 회수라도 근본원인에 도달하면 중단하고, 5회에도 근본원인에 도달하지 못하면 계속 원인 추구
  - 인과관계가 100% 확인될 수 있을 때에만 다음 단계로 내려가고 불확실한 경우 중단
  - 현상이나 "왜"의 서술은 짧고 간결한 문장으로 표현
  - Why Tree 적용도 검토
  - 잠재원인 도출 완료 후 역으로 가면서 논리적 비약이 있는지 확인
  - "왜"에 대한 대답은 정상상태에서 벗어나 있는 것만 거론하고, "왜"에 대한 대답이 이상하면, 바로 전 단계에서부터 다시 시작
  - 문장 중에 "나쁘다"라는 표현보다는 "~고장", "~불량"과 같은 구체적인 단어를 사용

<실습> 잠재원인 도출 : 20분

1. 프로세스 단계 내 활동 중 개선이 필요한 활동을 선정하고, 관찰되는 현상을 작성
2. 잠재원인 범주를 결정하고, 현상에 대한 잠재원인을 도출

프로세스 단계	활동	현상	잠재원인 범주	Whys				
				1	2	3	4	5

2.2.2 잠재원인 체계화

의미	잠재원인의 발생 메커니즘 이해와 근본원인 선정을 위해 잠재원인을 체계화
세부 활동	특성요인도나 Logic Tree를 이용하여 잠재원인 범주를 중심으로 잠재원인을 체계화

<실습> 잠재원인 체계화 : 10분

잠재원인의 범주를 결정하고, 이전 실습에서 도출된 잠재원인들을 Logic Tree를 이용하여 체계화

문제	범주	Why 1	Why 2	Why 3	Why 4

2.3 근본원인 선정

고객 요구사항에 대한 각 잠재원인의 영향도를 평가하여 개선대상 근본원인을 선정

2.3.1 근본원인 선정

의미	잠재원인들 중 금번 과제에서 개선할 근본원인을 선정
세부 활동	개선대상 고객 요구사항과 중요도를 확인하고, 각 잠재원인이 고객 요구사항에 어느 정도 영향을 주는 지 팀 토론을 통하여 평가하고, 근본원인을 선정

2.3.1 근본원인 선정

- 개선 대상 고객 요구사항과 중요도를 Matrix 상단 열에 입력
- Matrix의 좌측 열에 프로세스 단계, 활동, 잠재원인을 입력
- 각 잠재원인이 고객 요구사항에 어느 정도 영향을 주는지 평가
    - 0, 1, 3, 5, 9 (0 : 영향 없음, 9 : 매우 영향)
- 각 잠재원인에 대하여, 고객 요구사항의 중요도와 잠재원인의 영향도를 곱하여 합친 후 '합계' 열에 기록
- '합계'와 잠재원인의 개선 가능성을 고려하여 개선대상 근본원인을 선정

구분				고객 요구사항				합계
				요구사항1	요구사항2	요구사항3	요구사항4	
			중요도	1	5	3	9	
No	프로세스 단계	활동	잠재원인	(1x5)+(5x0)+(3x1)+(9x5) = 53				
1				5	0	1	5	53
2				9	1	0	1	
3				0	0	9	5	
4				1	0	9	3	
5				1	0	1	1	
6				3	5	0	0	
7				1	3	0	0	

<실습> 근본원인 선정 : 20분

구분				고객 요구사항				합계
			중요도					
No	프로세스 단계	활동	잠재원인					
1								
2								
3								
4								
5								
6								
7								
8								
9								
10								
11								
12								
13								

3

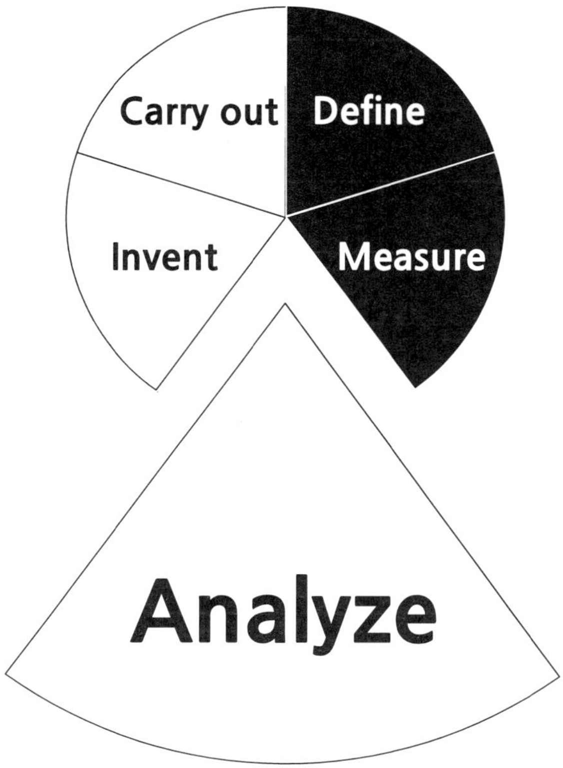

Analyze Framework

과제를 해결하기 위한 창의적이고 혁신적인 아이디어를 도출

Define → Measure → **Analyze** → Invent → Carry out

3.1 초기 아이디어 확인

- 3.1.1 가용자원 확인
- 3.1.2 초기 아이디어 정리

3.2 아이디어도출워크숍

- 3.2.1 브레인스토밍
- 3.2.2 브레인라이팅
- 3.2.3 도발과 이동

3.3 아이디어 구체화

- 3.3.1 아이디어 수확과 처리
- 3.3.2 아이디어 평가
- 3.3.3 아이디어 선정

3.1 초기 아이디어 확인

과제 해결을 위해 이용 가능한 자원을 확인하고, 기존 업무 수행방식의 모든 가정들에 대하여 의문을 제기

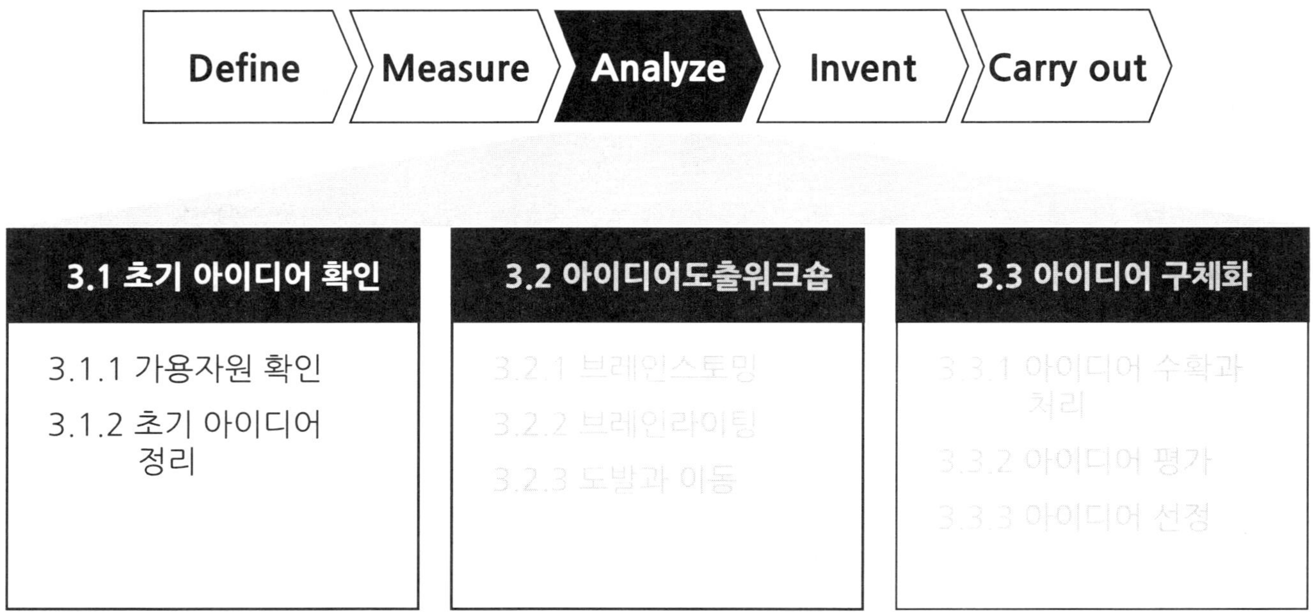

3.1.1 가용자원 확인

의미	과제를 해결하기 위해서 이용 가능한 자원을 확인
세부 활동	과제의 목표, 근본원인, 제약조건을 확인하고, 부서 내부와 외부에 존재하는 자원을 도출하고, 효율적으로 목표를 달성할 수 있는 자원 확인

3.1.1 가용자원 확인

과제를 해결하기 위해서는 기존의 자원을 활용하여 해결안의 가치를 높이는 것이 중요함

- 부서 내부와 외부에 존재하는 자원을 가능한 한 많이 도출
    - 시스템 상에서 즉시 이용 가능한 자원, 상위 시스템의 자원, 하위 시스템의 자원, 주변 환경의 자원 (온도, 습도 등)
    - 과거에 이용했던 자원, 미래에 이용 가능한 자원

- 문제 해결을 위해 고려할 몇 가지 자원
    - 정보 : 내, 외부 데이터 이용, 컴퓨터 네트워크
    - 시간 : 동시병행 처리, 사전 조치, 사후 조치
    - 원자재 : 폐기물, 저가 원자재, 원자재 부분 변경
    - 장(Field) : 기계, 열, 화학, 전기, 자기, 중력, 진공, 파도, 바람, 지열, 빛 등
    - 유해한 기능 : 유용한 기능으로 변경 사용

- 프로세스에 비용, 부작용, 복잡성을 발생시키지 않으면서 과제 목표를 달성할 수 있는 자원으로 좁혀감

〈실습〉 가용자원 확인 : 15분

1. 과제 해결을 위해 필요한 자원을 리스트
2. 자원이 어디에 있는지 확인하여 출처에 기록
3. 자원 확보 방법과 담당자, 일정을 기록

필요자원	출처			확보방법	담당	일정
	부서 내	조직 전체	외부			

3.1.2 초기 아이디어 정리

의미	과제 해결을 위한 본격적인 아이디어를 도출하기 전에 현재까지 논의되어 온 아이디어들을 정리
세부 활동	개선 대상 업무를 구성하는 활동들에 대하여, 고객 불만을 야기하는 근본원인을 고려하여 아이디어를 정리하고, 기존 업무 방식의 모든 가정들에 의문을 제기

3.1.2 초기 아이디어 정리

- 현재까지 도출된 아이디어를 아래 worksheet에 정리

업무 수행자	활동	수혜자	근본원인	이 활동은 필요한가?	현재까지 도출된 아이디어		
					활동의 수혜자가 이 활동을 스스로 할 수 있는가?	다른 자원이 이 활동을 할 수 있는가?	기타 다른 대안이 있는가?

- 기존 업무에 대한 새로운 해결안을 개발하기 전에 기존 업무 방식의 모든 가정들에 의문을 가질 경우 스무고개가 유용함

스무고개					
구분	What	Where	When	Who	How
현재의 방법	개선대상 활동은?	어디에서 이 활동이 행해지나?	언제 이 활동이 행해지나?	누가 이 활동을 하나?	어떻게 그것이 행해지나?
이유	왜 이 활동을 하나?	왜 거기에서 하나?	왜 그때 하는가?	왜 그들이 하나?	왜 그렇게 하나?
더 나은 방법	뭔가 다른 활동을 할 수 있나?	다른 곳에서 할 수 있나?	다른 시간에 할 수 있나?	다른 사람이 할 수 있나?	다른 방법으로 할 수 있나?
새로운 아이디어	무엇을 해야 하나?	어디에서 해야 하나?	언제 해야 하나?	누가 해야 하나?	어떻게 해야 하나?

〈실습〉 초기 아이디어 정리 : 15분

1. '업무수행자'에는 활동 수행자를, '수혜자'에는 활동의 결과를 받는 사람 또는 그룹을 기록
2. '이 활동은 필요한가?'에는 Yes 또는 No를 기록
   - No : 제거대상 활동, Yes : '현재까지 도출된 아이디어'를 기록

업무 수행자	활동	수혜자	근본원인	이 활동은 필요한가?	현재까지 도출된 아이디어		
					활동의 수혜자가 이 활동을 스스로 할 수 있는가?	다른 자원이 이 활동을 할 수 있는가?	기타 다른 대안이 있는가?

〈실습〉 스무고개 : 20분

1. 개선대상 활동 2개를 선정하여 'What'과 '현재의 방법'이 만나는 칸에 기록
2. 나머지 칸을 작성

구분	What	Where	When	Who	How
현재의 방법					
이유					
더 나은 방법					
새로운 아이디어					

구분	What	Where	When	Who	How
현재의 방법					
이유					
더 나은 방법					
새로운 아이디어					

3.2 아이디어 도출 워크숍

팀 워크숍 시 다양한 아이디어 도출기법을 이용하여 창의적이고 혁신적인 아이디어를 도출

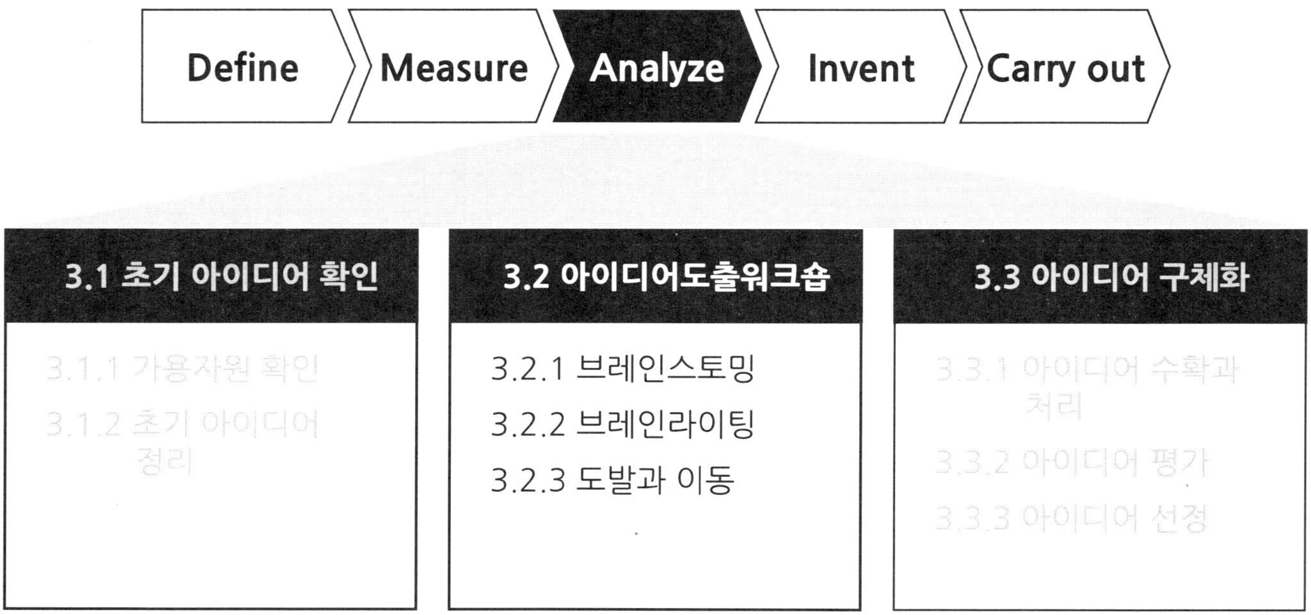

3.2 아이디어 도출 워크숍

- 아이디어 도출 방향

  - 팀원과의 아이디어 도출 워크숍 시 효율적인 아이디어 도출을 위해 다음의 아이디어 도출 방향을 참고

구분	개선방향	아이디어 도출 방향
승인/검사 업무	간소화	• 비효율적인 기존의 규정, 정책, 절차 개선 • 의사결정시 꼭 필요한 정보만 작성 • 불필요한 종이문서 작업 제거 • 업무를 일괄 처리하지 말고, 실시간으로 간소하게 처리하는 방법을 검토
	제거	• 승인이 산출물에 가치를 더하지 않고, 사이클타임 또는 비용만 증가시킨다면 제거 • 다음 승인권자가 오류를 찾아낼 수 있다면, 현 단계의 승인 업무 제거 • 예산을 소유하고 있는 부서에 승인 권한 위임 • 의사결정 권한 하향 위임 • 직원이 실수할 경우의 비용과 승인/검사 비용을 비교 • 일을 하는 사람이 처음에 완벽하게 하는 방법을 강구하여 승인 업무 제거
중복업무	간소화	• 문서 보관장소 최소화 • 동일한 정보는 한 곳에서만 보관하고 관리 • 정보는 필요한 사람에게만 발송
	제거	• 중복 업무 수행 제거 • 정보의 이중 입력 제거

3.2 아이디어 도출 워크숍

<table>
<tr><th>구분</th><th>개선방향</th><th>아이디어 도출 방향</th></tr>
<tr><td rowspan="2">복잡한 업무절차</td><td>간소화</td><td>• 모든 보고서, 문서, 양식은 필수적인 내용만 작성
• 업무절차, 보고서, 양식을 이해하기 쉽게 표준화
• 프로세스 내 활동들의 통합 검토</td></tr>
<tr><td>제거</td><td>• 이해하기 쉬운 용어 사용과 필요한 정보 제공으로 전화 문의 제거
• 프로세스 내 활동을 완료하기 위해 다른 사람에게 전화문의가 필요한 상황 제거</td></tr>
<tr><td rowspan="3">사이클 타임 단축</td><td>간소화</td><td>• 업계 표준 벤치마킹 후 적용
• 넘겨주기(handoffs) 축소
• 반복 루프 축소
• VA, BVA 활동 시간 최적화
• 동시병행 처리
• 프로세스 내 활동 통합</td></tr>
<tr><td>제거</td><td>• NVA 활동 제거
• 대기시간 제거</td></tr>
<tr><td>증가</td><td>• Bottleneck에 자원과 자원 이용가능성 향상</td></tr>
<tr><td>자동화</td><td>간소화</td><td>• 업무의 자동화는 가장 마지막 단계에 검토
• 조직 내에서 이용 가능한 정보시스템을 먼저 확인 후 활용
• 이용가능 도구들 : MS-Office, 파일공유 시스템, 문자메시지, 외부 정보서비스</td></tr>
</table>

3.2.1 브레인스토밍

의미	자유스런 팀 분위기에서 과제 해결안에 대해 가능한 많은 아이디어를 도출
세부 활동	각 근본원인의 해결안에 대해 먼저 브레인스톰 후 시스템 수준으로 통합하거나, 시스템 수준의 해결안의 방향을 먼저 브레인스톰 후 하부 요소들로 전개하고, 이해관계자 관점에서도 아이디어를 도출

3.2.1 브레인스토밍

미국의 Allex Osborn에 의해 개발된 회의 방식으로 여러 사람이 모여 특정 주제나 문제에 대해 가능한 많은 의견이나 아이디어를 내도록 하는 기법

- 10명 이내의 구성원 선정

- 진행자와 서기 선정
  - 진행자는 브레인스토밍의 목적을 공지
  - 아이디어 기록은 모두가 볼 수 있는 플립차트나 빔 프로젝트 이용

- 아이디어를 제시하는 방법은 3가지가 있음
  - 자발적으로 발표 → 서기는 아이디어를 그대로 기록
  - 순서대로 발표 ('통과'도 허용) → 서기는 아이디어를 그대로 기록
  - 아이디어를 포스트잇에 기록

- 브레인스토밍 규칙
  - 도출된 아이디어에 대하여 토론하거나 비판하지 말 것
  - 도출된 아이디어를 발판으로 삼아 결합/개선 아이디어를 낼 것
  - 아이디어에 제약을 두지 말고 자유스런 분위기에서 도출할 것
  - 가능한 한 많은 아이디어를 낼 것

- 브레인스토밍 시 주의사항
  - 구성원에게 그들의 생각을 정리하는 시간을 허용
  - 아이디어를 발표할 때 간결성 유지
  - 아이디어의 체계적인 분류, 평가는 브레인스토밍이 끝난 후 실시
  - 브레인스토밍 세션 장악 금지

3.2.1 브레인스토밍

- 해결안 설계 관점에서의 브레인스토밍 접근법
  - 상위수준의 cross-functional 시스템 수준에서 먼저 해결안을 브레인스토밍한 후, 상위수준의 컨셉을 하위기능 요소들로 세부 전개
    - ✓ 신규 프로세스 설계 과제나 창의적 발상이 필요한 과제
  - 시스템의 세부기능을 먼저 도출한 뒤, 세부기능 수준에서 해결안을 브레인스토밍한 다음, 세부기능들의 조합으로 시스템 컨셉 도출

- 과제와 관련된 이해관계자 관점에서 아이디어를 도출해 봄
  - 최고경영자, 챔피언, 프로세스 오너, 업무 담당자, 관련 부서, 고객 등

<실습> 브레인스토밍 : 20분

1. 6명 내외로 토론 그룹을 편성하고, 그룹 별로 1개 과제를 선정
   * '3.2.1 브레인스토밍'부터 '3.3.3 아이디어 선정'까지 동일한 토론그룹 유지
2. 그룹 별로 브레인스토밍 주제 선정 (대표 과제 선정)
3. 이해관계자 입장이라면 어떻게 개선되기를 바라는지 브레인스토밍 규칙에 입각하여 아이디어를 도출

관점	개선 아이디어	
	cross-functional 시스템 수준	프로세스 단계 내 활동 수준
최고경영자		
프로세스 오너		
업무 담당자		
고객		

3.2.2 브레인라이팅

의미	아이디어 도출 시 모든 팀원들의 동등한 참여를 유도하기 위해 쓰기 방식으로 도출
세부 활동	참가자를 구성하고, 정숙한 분위기에서 worksheet을 이용하여, 5분 동안 아이디어를 3개 작성한 다음 옆 사람에게 전달. 자기 worksheet을 다시 받을 때까지 진행

〈실습〉 브레인라이팅 : 20분

1. 브레인라이팅 주제 선정
2. 참가자가 많을 경우 6명 내외로 그룹을 재편성
3. 첫 번째 행에 3가지 아이디어를 5분 동안 작성
4. 옆 사람에게 worksheet을 넘겨주고, 다시 5분 동안 3가지 아이디어를 작성
5. 모든 참가자가 모든 worksheet에 3가지 아이디어를 작성할 때까지 반복

<table>
<tr><td colspan="2" rowspan="2">대상 업무 :</td><td>날짜</td><td></td></tr>
<tr><td>구성원</td><td></td></tr>
<tr><td>1</td><td>2</td><td colspan="2">3</td></tr>
<tr><td></td><td></td><td colspan="2"></td></tr>
<tr><td></td><td></td><td colspan="2"></td></tr>
<tr><td></td><td></td><td colspan="2"></td></tr>
<tr><td></td><td></td><td colspan="2"></td></tr>
<tr><td></td><td></td><td colspan="2"></td></tr>
<tr><td></td><td></td><td colspan="2"></td></tr>
</table>

3.2.3 도발과 이동

의미	현상과는 다른 자극적인 문장을 통해 기존의 고정관념을 극복하고 창의적인 아이디어 도출을 시도
세부 활동	현상에 대한 자극적인 문장을 만들고, 이 문장이 사실일 경우 예상되는 결과, 현상과의 차이점, 컨셉을 추출한 다음, 과제 관점의 아이디어로 변환

3.2.3 도발과 이동

- 주제 선정 : 아이디어 도출이 필요한 주제 선정
- 현상 기술 : 문제의 현상을 기술 (주어+목적어+동사)
- 도발 개발
  - 부정 : 현상을 기술한 문장의 동사를 부정
  - 반전 : 현상을 기술한 문장의 주어와 목적어를 맞교환
  - 과장 : 현상을 믿을 수 없거나 극단적인 상태로 기술
  - 상상 : "만약 이렇게 된다면…" 미래에 대한 다양한 상상을 기술
- 이동 도출
  - 기대결과 : 도발이 실행된다면 어떤 일이 벌어질 것인지 기술
  - 차이점 : 도발과 현실과의 차이점을 리스트
  - 컨셉 : 도발을 사실로 가정하고 컨셉 도출
- 아이디어 도출
  - 이동으로 부터 개선 아이디어 도출

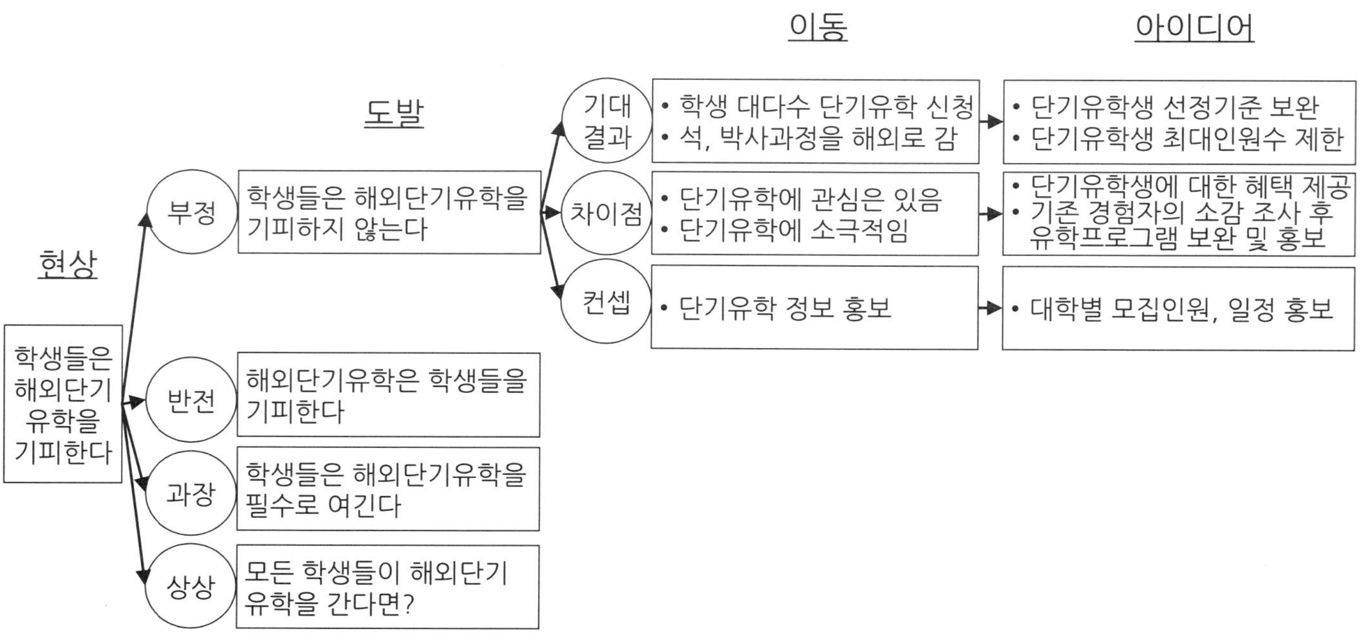

〈실습〉 도발과 이동 : 20분

토론 주제를 선정하여 현상을 기술하고, 도발, 이동, 아이디어를 도출

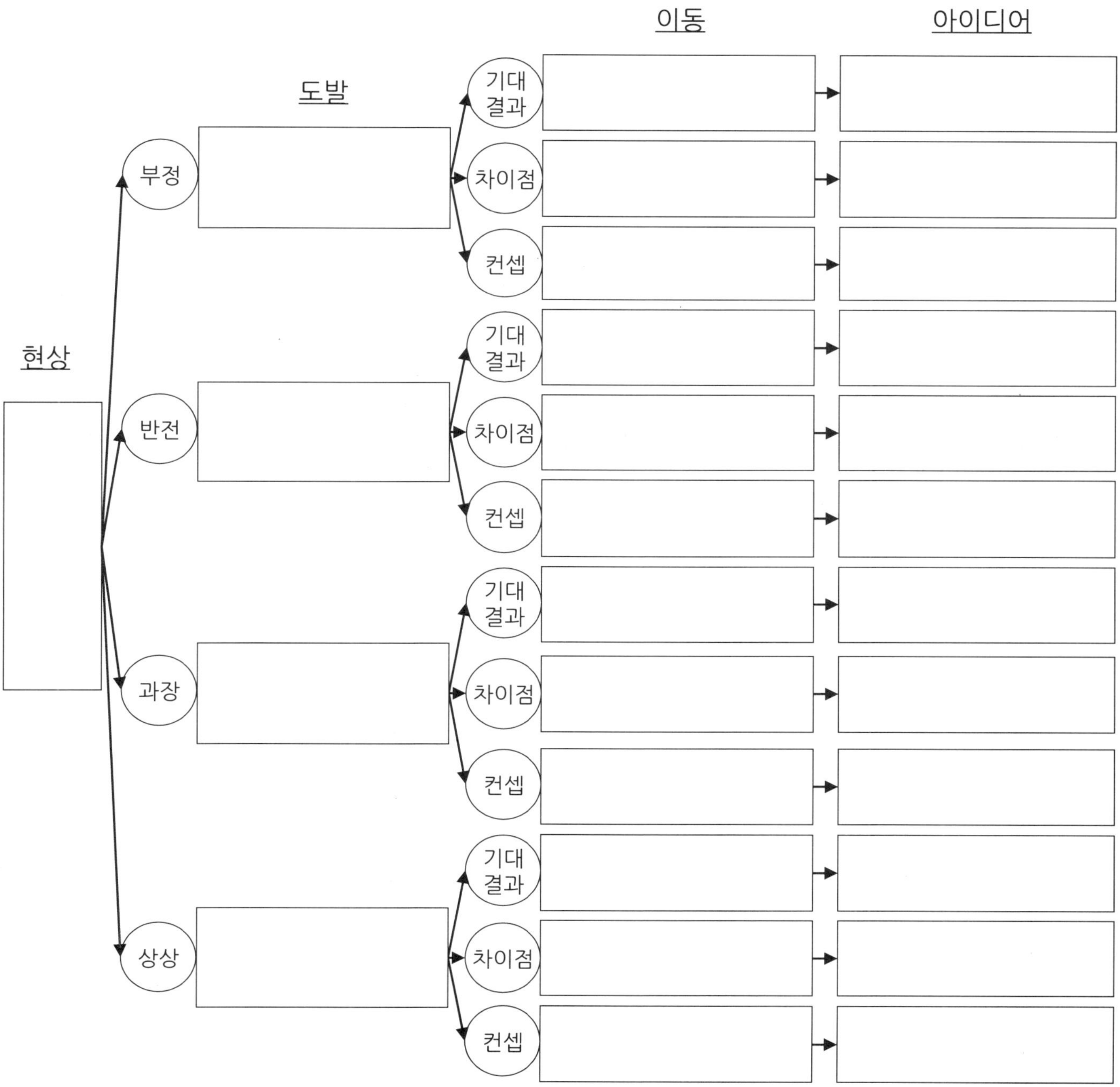

3.3 아이디어 구체화

도출된 아이디어를 실행 가능한 아이디어로 보완하고, 과제에 적용할 아이디어를 선정

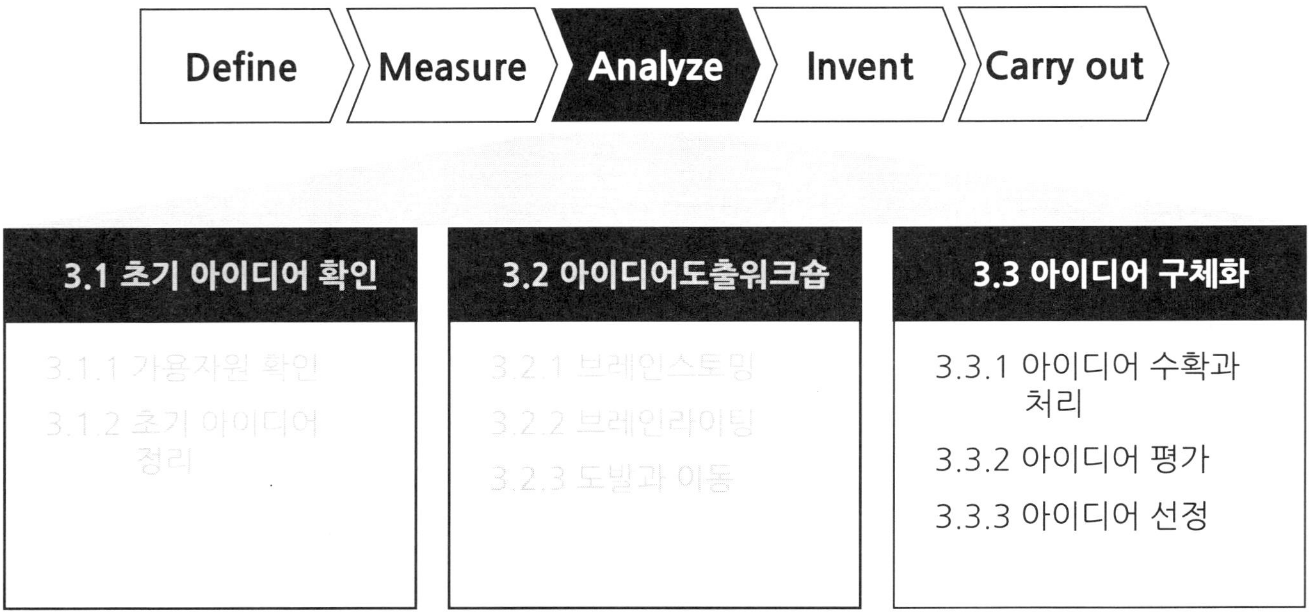

3.3.1 아이디어 수확과 처리

의미	도출된 아이디어를 현실적이고 실행 가능한 아이디어로 변환
세부 활동	흥미롭지만, 아직은 실행할 수 없는 아이디어에 대하여 제약사항을 도출하고, 제약사항을 극복할 수 있는 아이디어를 도출

<실습> 아이디어 수확 : 20분

- 도출된 아이디어를 아래의 표에 구분하여 기록
  - 대분류 /중분류/소분류 : 아이디어의 범주
  - 완벽한 아이디어 : 현실적이고, 실행 가능한 아이디어
  - 제한 없는 아이디어 : 흥미롭지만, 실행할 수 없는 아이디어
- 추가 아이디어 도출
  - 제한 없는 아이디어는 있지만 완벽한 아이디어가 없는 항목은 완벽한 아이디어를 도출
  - 아이디어의 범주를 이용하여 MECE 관점으로 아이디어 도출 시도

업무명 :				
대분류	중분류	소분류	완벽한 아이디어	제한 없는 아이디어

〈실습〉 아이디어 처리 : 20분

- 제한 없는 아이디어를 선택하고, 제약사항을 도출
    - 실현가능성, 구축 비용, 기간, 조직에의 적합성 등
- 각 제약사항을 극복할 수 있는 아이디어를 도출

제한 없는 아이디어	제약사항	제약사항 극복 아이디어

3.3.2 아이디어 평가

의미	다양한 관점에서 아이디어를 평가하고 보완
세부 활동	각 아이디어에 대하여 직감, 장점, 객관적인 자료, 약점, 개선방향에 기반하여 평가하고, 다음 단계 계획 수립

3.3.2 아이디어 평가

'Six Thinking Hats'의 6가지 관점으로 아이디어를 평가함

- 각 관점 별 토론 시간은 Red는 짧게, 다른 색상은 5분 이내로 하고, 서기를 임명

색상	관점	착안점
Red	직감	당신은 이 아이디어를 어떻게 느끼는가?
Yellow	장점	이 아이디어의 장점은 무엇이고, 실행 시 최상의 시나리오는 무엇인가?
White	사실	이 아이디어를 지지하는 어떤 자료가 있고, 어떤 정보가 더 필요한가?
Black	비판	이 아이디어의 약점은 무엇이고, 실행 시 무엇이 잘못될 수 있는가?
Green	창의	어떻게 이 아이디어를 개선하고, 매력적으로 만들 수 있는가?
Blue	절차	아이디어와 관련하여 다음 단계 할 일과 팀원들의 역할은 무엇인가?

<실습> 아이디어 평가 : 10분

1. 논란이 예상되는 아이디어 1개 선정
2. 6가지 관점으로 아이디어를 평가

아이디어	관점	평가 결과
	직감	
	장점	
	사실	
	비판	
	창의	
	절차	

3.3.3 아이디어 선정

의미	과제의 해결안으로 적용 가능한 아이디어를 선정
세부 활동	도출된 아이디어를 체계화하고, 우선순위화하여 과제에 적용할 아이디어를 선정

3.3.3 아이디어 선정

▪ 아이디어 선정 개요

- 도출된 아이디어들을 체계화하고, 선정하는 절차로써 8명 내외로 구성
- 필요 시 아이디어 적용시점을 단기, 중기, 장기 관점으로 나누어 선정
- 프로세스 단계 내 하나의 활동에 대하여 여러 개의 개선 아이디어 선정 가능

▪ 아이디어 선정 절차

- 아이디어를 체계적으로 분류

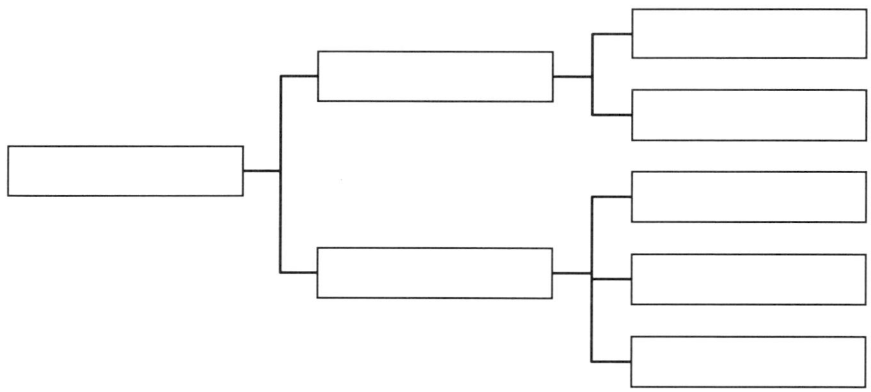

- 아이디어 우선순위화
  - ✓ 방법 1 : 각 아이디어를 토론 후 공감대가 큰 것을 선정
  - ✓ 방법 2 : 각 팀원에게 5~10개의 투표권을 부여하고, 동일 또는 다수의 아이디어에 투표한 다음 아이디어 별로 점수를 합계
  - ✓ 방법 3 : 각 팀원에게 100점을 할당하고, 동일 또는 다수의 아이디어에 점수를 할당한 다음 아이디어 별로 점수를 합계하고, 이 점수를 팀원수로 나눔

<실습> 아이디어 선정 : 10분

1. 현재까지 도출된 아이디어를 계층구조로 분류
2. 투표를 통한 아이디어 우선순위화

아이디어 분류			아이디어	아이디어 선정	
대분류	중분류	소분류		각 팀원에게 5~10개의 투표권	각 팀원에게 100점 할당

<실습> 아이디어 적용 계획 수립 : 10분

구분	1세대	2세대	3세대
비전			
업무 서비스 컨셉			
필요 기술 또는 구현 아이디어			
적용시점			

4

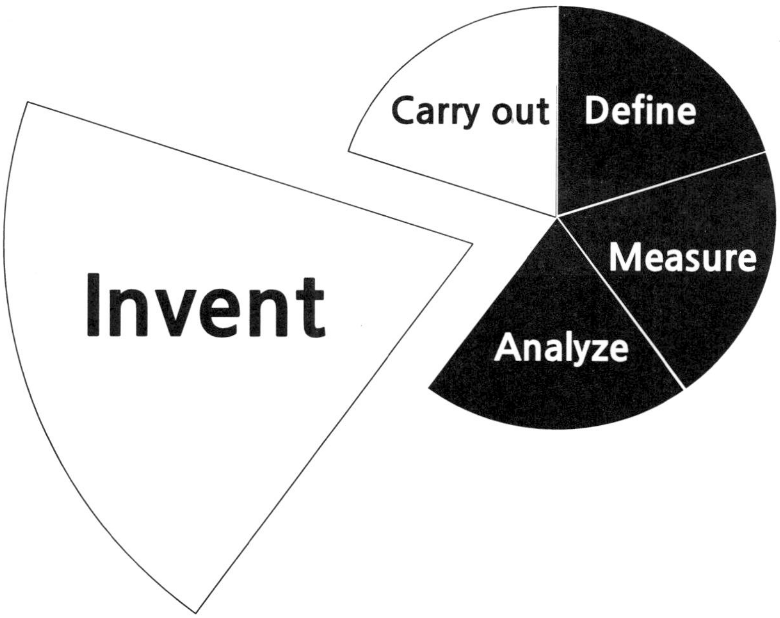

Invent Framework

새로운 업무 프로세스에 대한 최적 설계컨셉을 결정하고, 미래에 발생 가능한 위험요소들을 고려하여 상세 수준의 업무 프로세스를 설계

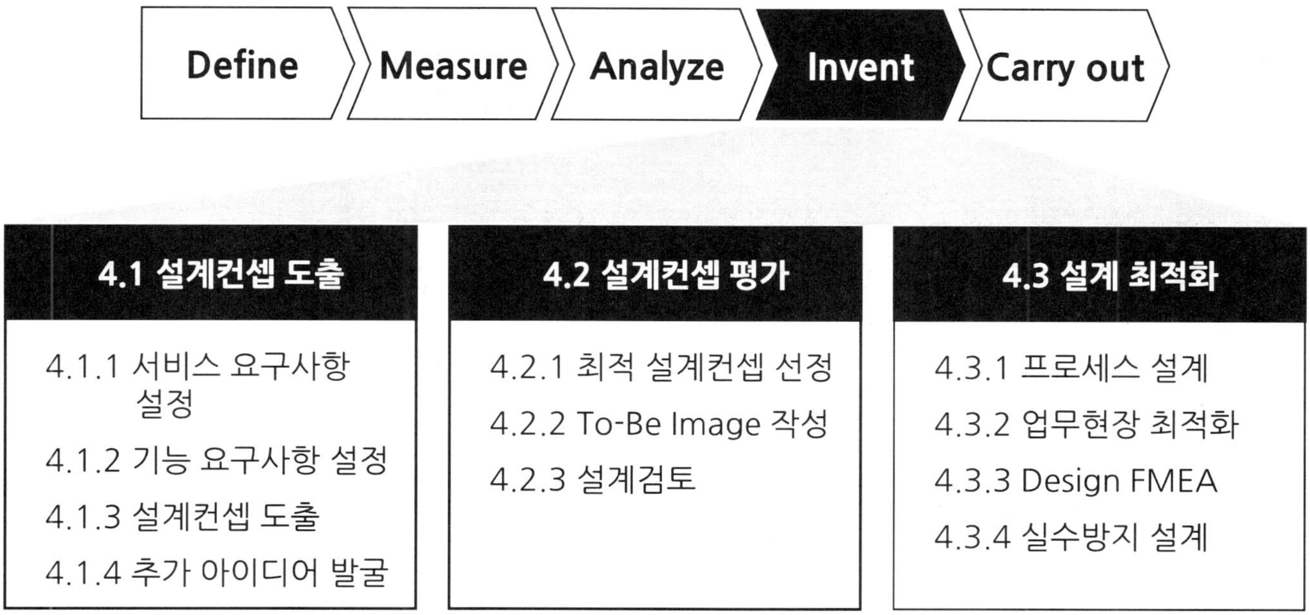

4.1 설계컨셉 도출

새로운 업무 프로세스에 대하여, 업무의 하위기능과 요구사항을 정의하고, 각 하위기능의 요구사항을 달성할 수 있는 아이디어들의 조합으로 시스템 차원의 해결안 후보를 도출

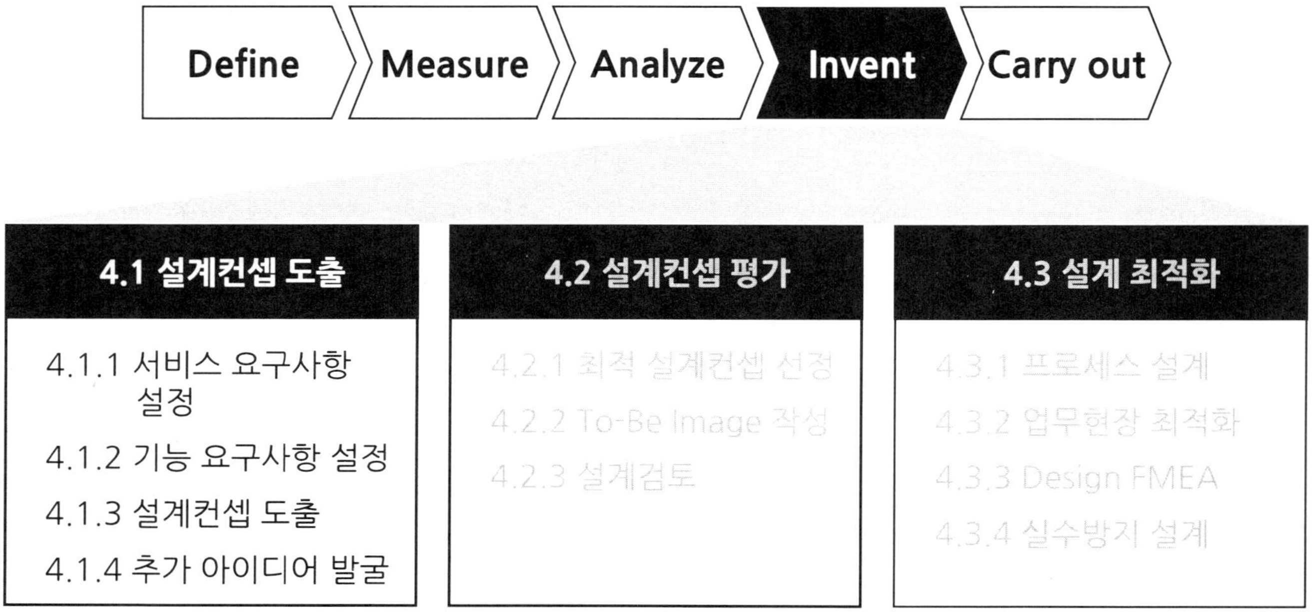

4.1.1 서비스 요구사항 설정

의미	새로운 업무 프로세스에 대한 업무 수행 결과의 적절성을 평가할 수 있는 측정 가능한 지표를 정의하고 목표를 설정
세부 활동	이용의 편리성, 적시성, 비용, 업무오류 등의 관점에서 업무 수행 결과의 적절성을 평가할 수 있는 지표, 측정단위, 규격한계, 측정방법을 정의하고, 목표를 설정

4.1.1 서비스 요구사항 설정

- 지금부터는 설계를 위해 정량적인 접근과 더불어 하나의 해결안을 염두에 둠
- 서비스 요구사항이란 업무 전체 관점에서, 업무 수행 결과의 적절성을 평가할 수 있는 지표, 측정단위, 규격한계, 운용정의, 목표를 의미

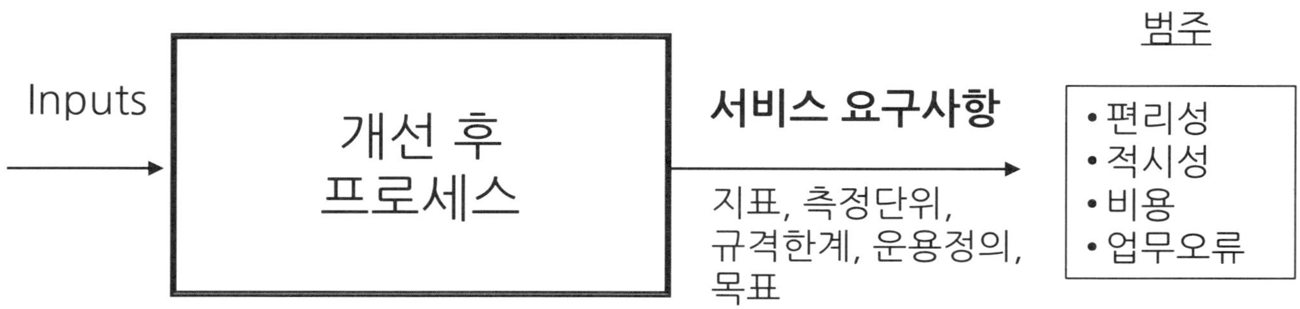

- 서비스 요구사항의 목표는 과제 Charter의 개선대상 고객 요구사항의 목표와 기대효과를 달성할 수 있도록 설정

Ex) OO정보 시스템 개선

No.	지표	측정단위	규격한계	목표	담당자	현수준	
						측정값	날짜
1	월등록자수	명	5 이상	7	OOO	3	2015.1.30
2	월검색자수	명	10 이상	12	OOO	6	2015.1.30
3	검색성공율	%	검색성공	95	OOO	30	2015.1.30

- 규격한계 : 지표의 최소 합격범위
- 운용정의 : 지표에 대한 정의와 측정 방법

〈실습〉 서비스 요구사항 설정 : 10분

1. 개선 후 업무 수행 결과의 적절성을 평가할 수 있는 측정 가능한 지표를 도출
2. 지표 별 측정단위, 규격한계, 목표, 측정 담당자, 측정방법을 결정
3. 지표의 현수준이 있는 경우 현수준을 기록

No.	지표	측정 단위	규격한계	목표	담당자	현수준	
						측정값	날짜
1							
2							
3							
4							
5							

* 지표의 측정방법은 누가 측정하더라도 일관성 있게 측정하도록 별도로 문서화

4.1.2 기능 요구사항 설정

의미	새로운 업무 프로세스에 대한 하위기능들의 수행 결과의 적절성을 평가할 수 있는 지표를 정의하고 목표를 설정
세부 활동	해결안을 어떤 하위기능들로 구성할지 결정하고, 각 하위기능이 잘 수행되는지 여부를 판단할 수 있는 지표, 측정단위, 규격한계, 측정방법을 정의하고, 목표를 설정

4.1.2 기능 요구사항 설정

- 과제에서 고려하고 있는 해결안을 설계하기 위해서는 해결안을 어떤 하위기능들로 구성할지 먼저 결정해야 함
  - 하위기능 : 프로세스 단계, 활동
  - 전체 기능을 수행하기 위해 어떤 하위기능들이 필요한가?
  - 도출된 하위기능들을 기능이 수행되는 순서대로 나열함
  - 각 하위기능은 서비스 요구사항을 달성하는데 기여해야 함

- 기능요구사항 (Functional Requirements) : 해결안의 하위기능이 잘 수행되는지 여부를 판단할 수 있는 하위기능에 대한 지표, 측정단위, 규격한계, 운용정의, 목표를 의미

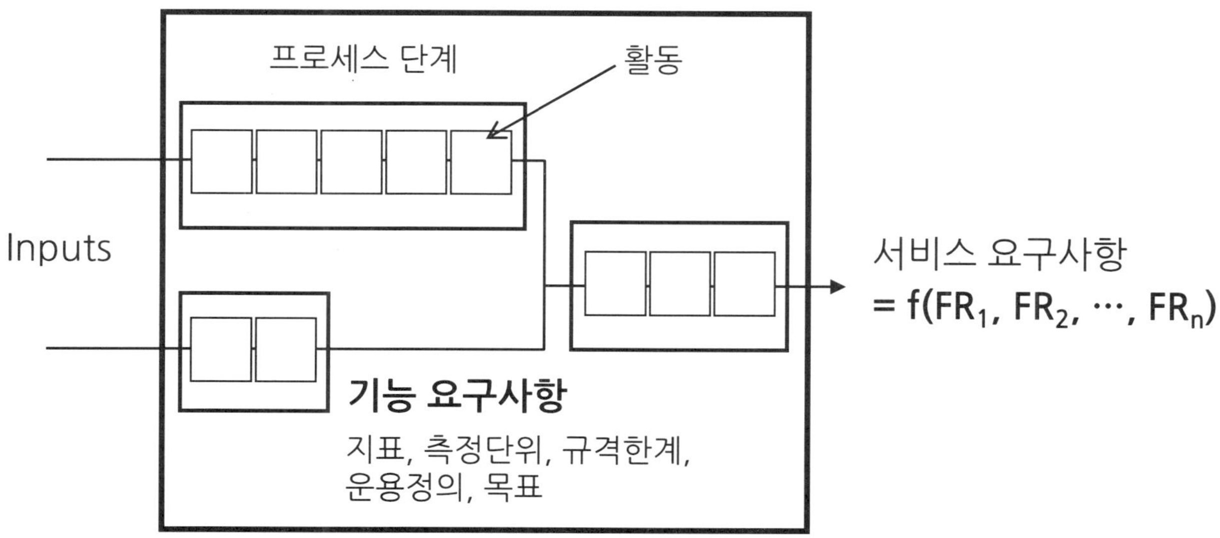

<실습> 기능 요구사항 설정 : 20분

1. 개선 후 프로세스에 대한 프로세스 단계 또는 하위기능을 리스트
2. 각 프로세스 단계의 Input과 Output을 정의
3. 'Process'에는 프로세스 단계 또는 하위기능에 대한 설명을 간략히 기술
4. 각 프로세스 단계가 잘 수행되는지 여부를 판단할 수 있는 측정 가능하고, 서비스 요구사항과 연계되는 지표를 도출

No.	프로세스 단계 또는 하위기능	Input	Process	Output	측정가능 지표
1					
2					
3					
4					
5					
6					
7					
8					
9					
10					

〈실습〉 기능 요구사항 설정 - 계속

1. 프로세스 단계별 지표에 대한 측정단위, 규격한계, 목표, 측정 담당자, 측정방법을 결정
2. 지표의 현수준이 있는 경우 현수준을 기록

프로세스 단계	지표	측정 단위	규격한계	목표	담당자	현수준	
						측정값	날짜

* 지표의 측정방법은 누가 측정하더라도 일관성 있게 측정하도록 별도로 문서화

4.1.3 설계컨셉 도출

의미	각 하위기능을 어떻게 수행할 지에 대한 아이디어들의 조합으로 시스템 차원의 해결안 후보를 도출
세부 활동	각 하위기능에 Analyze단계에서 선정된 아이디어를 할당하고, 하위기능별로 아이디어를 1개씩 선택하여 시스템 차원의 해결안 후보를 구성

4.1.3 설계컨셉 도출

설계컨셉이란 모든 하위기능의 대안들 조합으로 이루어진 전체 시스템 차원의 해결안을 의미하며, 적절한 설계컨셉 수는 6~12개임

- 시스템의 하위기능 (프로세스 단계) 확인
- 각 하위기능에 대해 대안 (아이디어)을 나열 (3개 이내)
- 각 하위기능에 대한 대안의 실현가능성 평가
  - 각 아이디어가 부서와 고객의 요구사항에 어느 정도 기여하는지 고려
  - 설계 제약사항이나 고객 요구사항에 충돌하는 대안은 제거

- 설계컨셉 도출 방법 1
  각 하위기능별로 대안을 1개씩 선택하여 조합

하위기능	대안	설계컨셉1	설계컨셉2	설계컨셉3	설계컨셉4	설계컨셉5
기능 1	①, ②, ③	①				
기능 2	①, ②, ③	②				
기능 3	①, ②, ③	①				
기능 4	①, ②, ③	③				
기능 5	①, ②, ③	①				
기능 6	①, ②, ③	②				

4.1.3 설계컨셉 도출

- 설계컨셉 도출 방법 2

  고객층별 업무에 대한 요구사항이 다를 경우, 고객층별 설계컨셉 도출

하위기능	고객층 1			고객층 2		
기능 1	S1	S2	S3	S1	S2	S3
기능 2	S1	S2	S3	S1	S2	S3
기능 3	S1	S2	S3	S1	S2	S3
기능 4	S1	S2	S3	S1	S2	S3
기능 5	S1	S2	S3	S1	S2	S3
기능 6	S1	S2	S3	S1	S2	S3

기능 6에 대한 첫 번째 대안 (아이디어)

4.1.3 설계컨셉 도출

- 설계컨셉 도출 방법 3

  개선 후 프로세스 관점에서, 업무 수행 방법에 가장 영향을 주는 변수 2개를 선정하고, 변수별 발생 가능한 극단을 정의한 다음, 사분면 별로 설계컨셉 도출

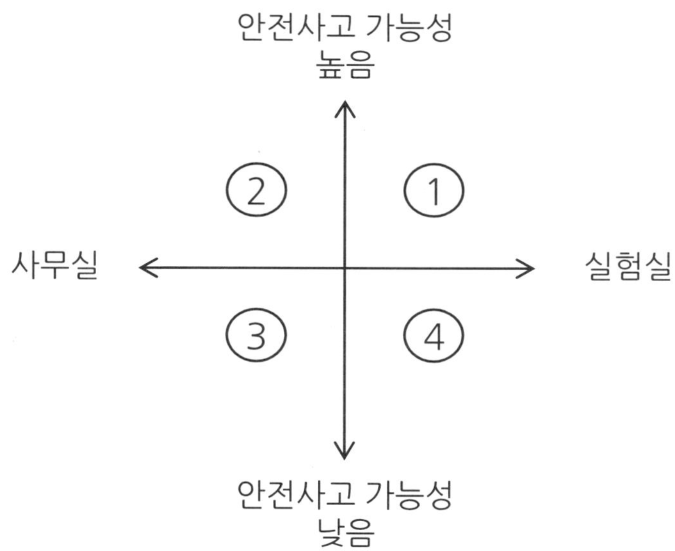

하위기능	상황 ①			상황 ②			상황 ③			상황 ④		
기능 1	S1	S2	S3	S1	S2	S3	S1	S2	S3	S1	S2	S3
기능 2	S1	S2	S3	S1	S2	S3	S1	S2	S3	S1	S2	S3
기능 3	S1	S2	S3	S1	S2	S3	S1	S2	S3	S1	S2	S3
기능 4	S1	S2	S3	S1	S2	S3	S1	S2	S3	S1	S2	S3
기능 5	S1	S2	S3	S1	S2	S3	S1	S2	S3	S1	S2	S3
기능 6	S1	S2	S3	S1	S2	S3	S1	S2	S3	S1	S2	S3

<실습> 설계컨셉 도출 : 20분

1. 개선 후 프로세스에 대한 프로세스 단계 또는 하위기능을 리스트
2. Analyze단계에서 선정된 아이디어 중 금번 과제에 적용할 아이디어를 해당 프로세스 단계의 '대안 1, 2, 3'에 기록
3. 대안의 조합으로 '설계컨셉 1, 2, 3' 도출

프로세스 단계 또는 하위기능	대안			설계컨셉		
	1	2	3	1	2	3

4.1.4 추가 아이디어 발굴

의미	도출된 설계컨셉으로 과제 목표달성이 어려울 경우, 추가 아이디어를 발굴
세부 활동	각 하위기능을 2개씩 쌍으로 하여 이 기능들을 동시에 만족시키는 개선사례를 조사한 다음 아이디어를 유추

4.1.4 추가 아이디어 발굴

- 효율적인 아이디어 도출을 위해 6개 이내의 핵심 하위기능을 선정
- 각 빈칸에 1개 이상의 개선사례를 조사하여 기록
- 과제와 직접적으로 관련 없는 사례도 기록

구분	기능 1	기능 2	기능 3	기능 4
기능 5	OOO 시스템	인사고과 가점		
기능 4				
기능 3				
기능 2				

- 조사된 사례의 작동방식을 이해하고 과제와 관련된 아이디어로 변환

관련 하위기능	개선사례	아이디어
기능1, 기능5	OOO 시스템	OO 계산기능 자동화
기능2, 기능5	인사고과 가점	인사고과 가점 및 보상 실시

<실습> 추가 아이디어 발굴 : 10분

1. 추가 아이디어 발굴이 필요한 프로세스 단계 또는 하위기능을 4개 선정
2. 각 하위기능을 2개씩 쌍으로 하여 기존 개선사례 기입
3. 기존 개선사례의 작동방식을 이해하고, 과제에 대한 아이디어로 변환

구분	기능 1:	기능 2:	기능 3:
기능 4:			
기능 3:			
기능 2:			

관련 하위기능	기존 사례	아이디어

4.2 설계컨셉 평가

과제의 목표를 달성할 수 있는 최적의 설계컨셉을 선정하고, 개선후 모습에 대한 상위수준의 Image를 작성하여 이해관계자와 고객을 대상으로 설계검토를 실시하고 보완

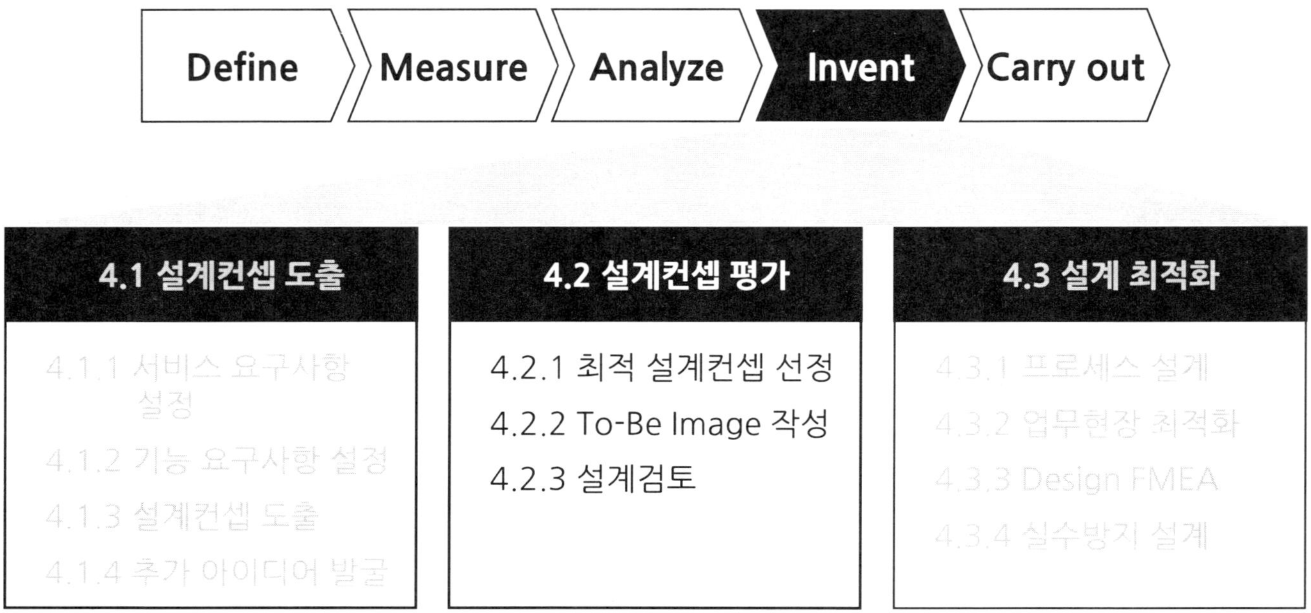

4.2.1 최적 설계컨셉 선정

의미	설계컨셉이 2개 이상일 경우, 고객 요구사항, 서비스 요구사항, 기타 판단기준에 기반하여 최적 설계컨셉을 선정
세부 활동	설계컨셉을 평가할 판단기준을 도출하고, 판단기준에 기반하여 각 설계컨셉을 평가하고, 최적 설계컨셉을 선정

4.2.1 최적 설계컨셉 선정

(1) 단일 판단기준에 의한 설계컨셉 평가

- 설계컨셉 평가를 위한 단일 판단기준 도출
  - 예 : 비용 30% 절감, 업무 소요시간 80% 단축, 매출 10% 향상

- 각 설계컨셉을 명확히 하고, 설계컨셉 명과 특정 문자 할당
- 정의된 판단기준에 기반하여 각 설계컨셉을 비교
- 각 셀에 더 나은 설계컨셉의 문자를 기록하고, 얼마나 더 나은지 기록 (1 : 약간, 2 : 보통, 3 : 많음)
- 만약 차이가 없다면, 둘 중 아무 문자나 기록하고, 점수는 0으로 기록
- 각 설계컨셉의 점수를 합하고, 총 합계에 대한 백분율로 변환

설계컨셉	A	B	C	D
A		B,2	C,3	A,2
B			C,1	B,2
C				C,2
D				

설계컨셉	점수	백분율
A	2	17%
B	4	33%
C	6	50%
D	0	0%

4.2.1 최적 설계컨셉 선정

(2) 다중 판단기준에 의한 설계컨셉 평가

다수의 고객 요구사항이나 서비스 요구사항에 기반하여 설계컨셉을 평가하고자 할 경우 사용함

- 기준안 결정
  - 평가하려는 설계컨셉들 중에서 평범한 컨셉을 기준안으로 선정

- 판단기준 정의
  - 업무 관점 : 고객 요구사항, 서비스 요구사항, 기능 요구사항
  - 조직 관점 : 전략과의 연계성, 조직에서의 수용 가능성, 비용대비 효과, 개발기간
  - 기타 : 법적/정치적 제약조건 충족도, 안전 및 보건

- 설계컨셉 평가
  - 컨셉이 기준안보다 좋을 경우 +, 좋지 않을 경우 -, 유사할 경우 S로 기록
  - 각 컨셉에 대하여 +, -, S의 개수를 Matrix 하단에 기록

- 최적 설계컨셉 보완
  - 선정되지 않은 설계컨셉들의 장점을 이용하여 선정된 최적 설계컨셉을 보완

4.2.1 최적 설계컨셉 선정

- 다중 판단기준에 의한 설계컨셉 평가 예

다중 판단 기준	기준안	설계컨셉 2	설계컨셉 3			중요도
실행 속도	s	s	−			3
실행 비용	s	−	−			2
수익 목표의 달성가능성	s	s	s			5
유통의 용이성	s	+	+			1
현재 역량과의 적합성	s	+	−			4
새로운 고객에서 환영 받을 가능성	s	+	−			5
최신기술 적용	s	−	−			3
확대적용가능성	s	s	+			4
+값 합계	0	3	2			
-값 합계	0	2	5			
s값 합계	8	3	1			
+값 가중합계	0	10	5			
-값 가중합계	0	5	17			

〈실습〉 최적 설계컨셉 선정 : 10분

1. 설계컨셉 3개 준비
2. 단일 판단기준과 다중 판단기준, 중요도, 기준안 선정
3. 설계컨셉 평가를 통한 최적 설계컨셉 선정

설계컨셉	A	B	C
A			
B			
C			

설계컨셉	점수	백분율
A		
B		
C		

다중 판단기준	중요도	기준안			
+값 합계					
-값 합계					
S값 합계					
+값 가중합계					
-값 가중합계					

4.2.2 To-Be Image 작성

의미	최적 설계컨셉을 부서 내, 외부와 공유하고, 설계검토 및 설계최적화의 방향 설정을 위해 개선 후 이미지를 상위수준으로 작성
세부 활동	최적 설계컨셉을 현업에 적용할 경우, 현재 업무 수행방법 대비 변경되는 부분이 무엇인지 확인하고, 이미지 종류별 설계원칙에 기반하여 이미지 작성

4.2.2 To-Be Image 작성

- 해결안의 복잡성을 고려하여 한 페이지로 표현할 것인지, 하위기능별로 표현할 것인지 결정하여 이미지 작성

- 이미지 종류별 설계원칙을 고려하여 작성

이미지 종류	설계원칙	
업무 프로세스 /방법	• 고객과의 교류 상황에 집중 • 비효율/비부가가치 활동 최소화 • 검사 최소화	• 변동 최소화 • 재작업 최소화 • 잠재적 오류/실수 최소화
인적자원	• 업무 프로세스 중심 조직화 • 프로세스 전반에 책임 부여 • 업무담당자에게 의사 결정기능 이관 • 업무 확대 및 업무내용 전문화	• 업무에 필요한 역량 및 교육훈련 정의 • 핵심 역량의 인식 및 배양 • 동기부여 환경 조성 • 경력 개발의 기회 제공
업무현장 배치	• 중앙 집중식과 분산식 조합 • 행동 및 이동거리 최소화 • 업무 순서를 고려한 배치	• 조명, 신체조건, 피로, 근무의욕, 혼란 등 인간공학적 문제 고려 • 산재 방지
정보시스템	• 실시간 고객 반응 접수 • 업무현장에서 정보 접근성 보장 • 정보 자동 수집, 저장, 이전	• 필요 정보, 필요 시점, 필요 프로세스, 정보 제공자 명확화 • 적시 정보 접근성 보장

※ 업무 프로세스에 대한 Image 작성 시 프로세스 단계별 소요시간 명시

〈실습〉 To-Be Image 작성 : 20분

1. Image 명 : Image에 대한 제목 (과제에서 현저하게 개선되는 부분으로 선정)
2. 정의 : Image명에 대한 설명
3. As-Is, To-Be : 과제 시작 전과 개선 후의 Image 도식화
4. 기대효과 : As-Is 대비 To-Be의 단위 업무당 그리고 년간 개선 효과
5. 검증계획 : 기대효과에 대한 검증 방법과 일정

Image 명	
정의	
As-Is	To-Be
기대효과	
검증계획	

4.2.3 설계검토

의미	이해관계자와 고객의 참가 하에 설계 산출물을 평가하고 보완
세부 활동	과제 관련 발표할 자료를 준비하고, 설계 산출물에 대한 평가지표와 목표치를 설정하고, 참가자를 선정하여 설계검토를 실시

4.2.3 설계검토

설계 프로세스의 각 단계에서 해당 설계의 품질을 객관적으로 평가하는 과정임

- 과제 관련 이해관계자의 의견을 모두 확인
- 문제 파악과 해결에 초점을 두고, 문제를 발견하면 바로 조치

- 설계검토 시점
  - 최적 설계컨셉 선정 이후
  - To-Be Image 작성 이후
  - 설계최적화 이후

- 설계검토 절차
  - Agenda 준비
  - 과제 관련 발표할 자료 준비(과제수행 단계별 주요 산출물)
  - 평가지표와 목표치 설정
    - ✓ 고객 요구사항, 서비스 요구사항, 기능 요구사항, 조직의 수용가능성, 기타 Risk
  - 참가자 선정 (이해관계자, 고객)
  - 설계검토 시 사용할 체크리스트/평가 sheets 준비
  - 설계검토 실시
  - 평가결과 분석 및 필요 시 설계 보완
  - 향후 계획 수립

- 최적 설계컨셉 / To-Be Image가 내포하고 있는 잠재적인 Risk를 정의하고, "핵심 Risk 관리계획"에 반영

<실습> 설계검토 평가 Sheet : 10분

1. 과제에 대한 고객 요구사항 확인
2. 고객 요구사항 외 설계검토 시 중요하게 다루어야 할 평가항목 도출
3. 설문 문항 개발

No.	설문내용	1	2	3	4	5
1		□	□	□	□	□
2		□	□	□	□	□
3		□	□	□	□	□
4		□	□	□	□	□
5		□	□	□	□	□
6		□	□	□	□	□
7		□	□	□	□	□
8		□	□	□	□	□
9		□	□	□	□	□
10		□	□	□	□	□
11	종합 점수는 얼마입니까?	□	□	□	□	□
12	개선 전은 몇 점 정도 된다고 생각하십니까?	□	□	□	□	□

점수	1	2	3	4	5
판단기준	전혀 만족하지 않는다	만족하지 않는다	보통이다	만족한다	매우 만족한다

4.3 설계 최적화

새로운 업무 프로세스에 대한 고객/서비스/기능 요구사항과 미래에 발생 가능한 위험요소들을 고려하여 상세 수준의 업무 프로세스를 설계

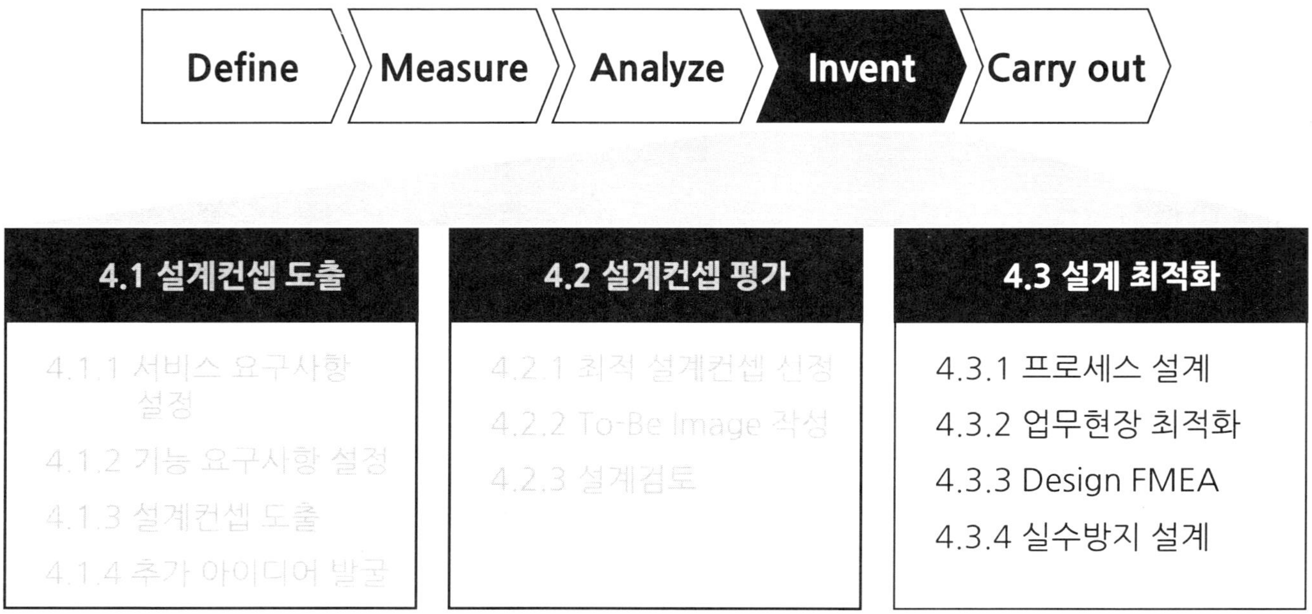

4.3.1 프로세스 설계

의미	To-Be Image를 기반으로 향후 업무 프로세스에 대해 상세설계를 실시
세부 활동	신규 업무 프로세스에 대하여 SIPOC, FDPM을 작성한 뒤 각 단계에 소요되는 시간, 필요한 문서, 업무지침을 정의하고, 특별관리가 필요한 단계는 관리계획에 반영

4.3.1 프로세스 설계

- 먼저, 신규 프로세스에 대한 SIPOC 작성
    - 신규 프로세스의 시작점, 끝점, 그리고 시작점과 끝점 사이의 순차적인 단계를 작성
    - 프로세스의 Outputs, Outputs별 고객, Inputs, 공급자를 작성

- 상세 프로세스 설계
    - 비 부가가치 단계는 제거
    - 사람 또는 사물의 과도한 움직임이나 이송은 최소화
    - 고객의 대기시간 감소를 위해 업무는 묶어서 처리하지 말고 발생할 때 바로 처리
    - 대상 프로세스의 복잡성을 고려하여, 하나의 상위 수준 프로세스 맵과 여러 개의 상세한 하위 프로세스 맵 작성
    - 필요한 정보 추가
        - ✓ 각 단계에 소요되는 시간, 필요한 문서 또는 양식 작성
        - ✓ Bottlenecks, 서비스 오류, 낮은 생산성, 결함 발생이 예상되는 프로세스 단계를 확인하여 관리계획에 반영

〈실습〉 신규 프로세스 구성요소 : 10분

1. 개선 후 프로세스의 업무 수행 단계를 5~7단계로 분류 후 명명
2. Outputs, customers, Inputs, Suppliers 기록

Suppliers	Inputs	Process	Outputs	Customers
		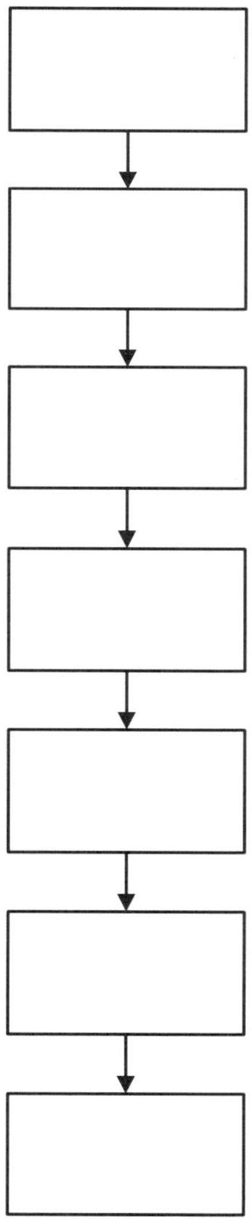		

〈실습〉 Top-down chart 작성 : 10분

1. 개선 후 프로세스 명과 프로세스 단계 (5~7개)를 기입
2. 각 프로세스 단계별로 세부 활동 (3-7개)을 기입

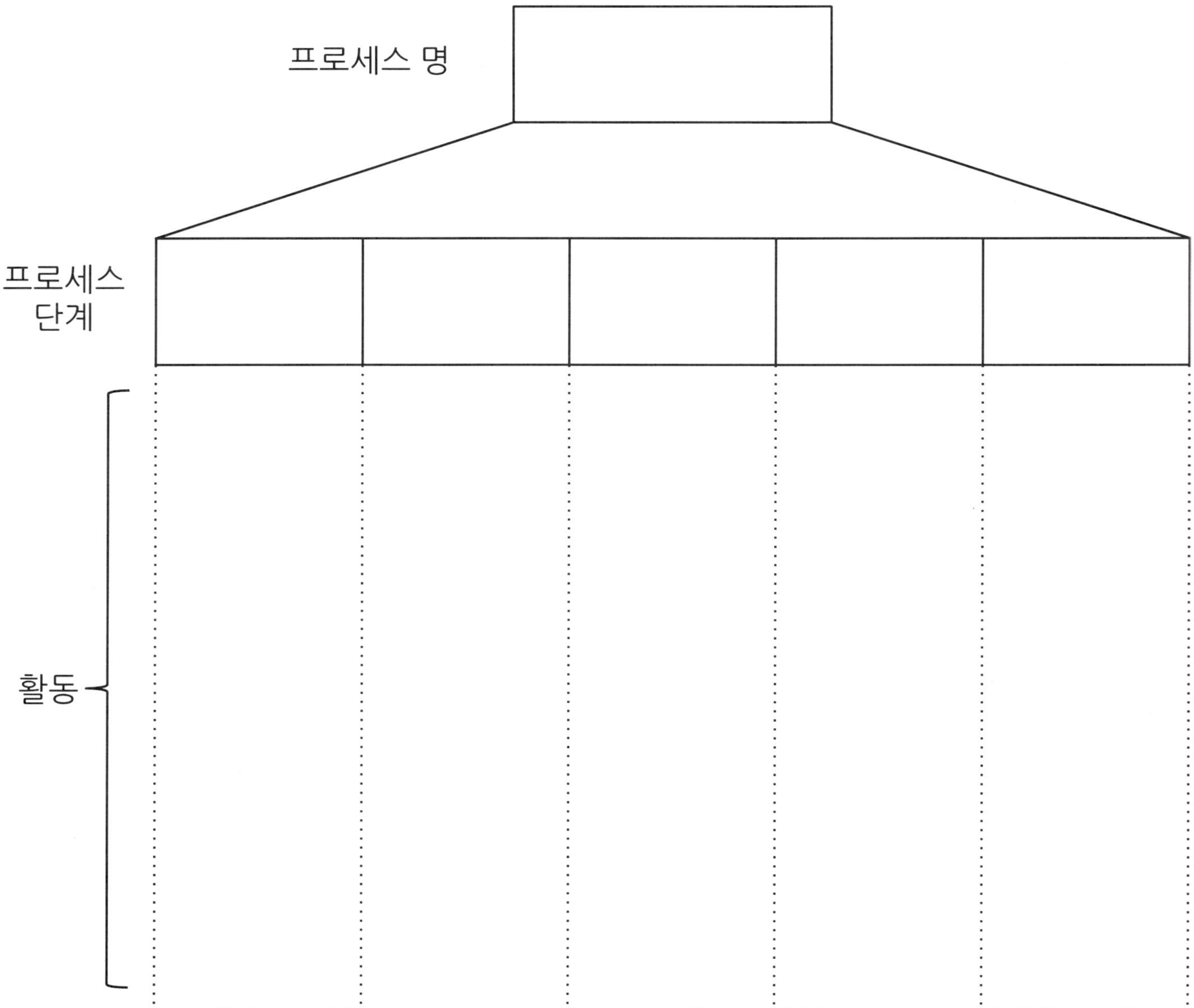

<실습> 신규 프로세스 맵핑 : 10분

단일 부서 내 비교적 적은 수의 활동들로 구성된 과제의 경우 Top-down chart에서 도출된 활동들을 나열하고, 산출물, 업무수행자, 활동 시 사용도구를 기입

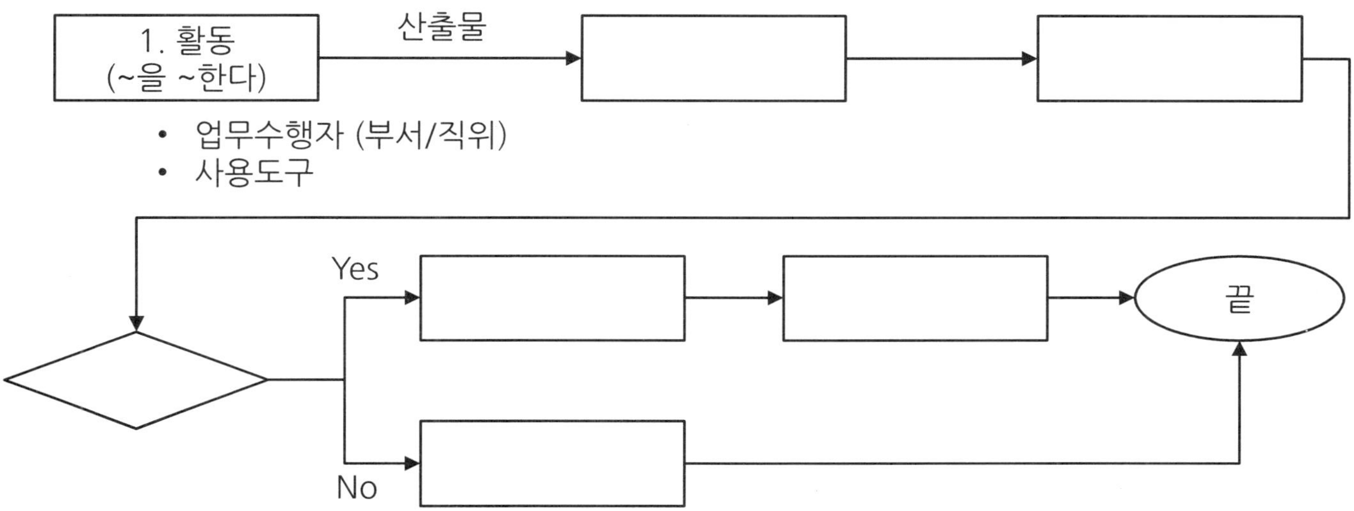

<실습> 신규 프로세스 맵핑 - 계속

과제범위가 여러 부서의 활동들로 구성된 과제의 경우 FDPM을 작성

구분				

〈실습〉 시간분석 : 10분

개선 후 프로세스에 대한 시간 분석

프로세스 단계	활동	활동내용	수행 부서	직위	사용도구	산출물	프로세스 타임(분)		사이클 타임 (시간)
							최소	최대	

<실습> 비용분석 : 10분

개선 후 프로세스에 대한 비용 분석

프로세스 단계	활동	프로세스 타임(분)	단위 활동당 비용 (원)			
			재료비	노무비	경비	합계

<실습> 부가가치 활동 분석 : 10분

개선 후 프로세스에 대한 부가가치 활동 분석

프로세스 단계	활동	활동구분				
		승인/검사	VA	BVA	NVA	중복

〈실습〉 고객 요구사항 영향도 분석 : 10분

개선 후 프로세스 단계 내의 활동 별로 어떤 고객 요구사항에 영향을 주는지 확인하여 Carry out 단계 관리계획에 반영

△ : 약한, ○ : 보통, ◎ : 강한 상관관계

프로세스 단계	활동	고객 요구사항			

4.3.2 업무현장 최적화

의미	가치창조를 극대화하고, 낭비를 최소화하도록 사람, 장비, 프로세스를 가장 효율적인 조합으로 조직화
세부 활동	세부 업무별 일일 업무 처리건수와 건당 처리 가능시간으로부터 필요 자원 수를 계산하고, 중요한 프로세스 단계마다 표준작업을 개발하고, 업무현장을 재배치

4.3.2 업무현장 최적화

- 필요 자원 수 (=필요 인원 수) 계산

  - 기초 자료 수집
    - ✓ 업무 종류와 업무 종류별로 하루에 몇 건 처리해야 하는가?
    - ✓ 한 건 처리하는데 얼마나 소요되는가?

업무 종류	일일 업무 처리건수 (건)	부서의 1건당 처리 가능시간 (분)	일일 근무시간 (분)	고객의 1건당 처리 요구시간 (분)	업무별 필요 자원 수 (명)	필요 자원 수 합계 (명)
A	8	20	480	60	0.33	1.79
B	10	60	480	48	1.25	
C	2	50	480	240	0.21	

  - 계산식
    - ✓ 과거의 업무 경험과 신규 프로세스 설계 결과로부터 추정
      - 일일 업무처리 건수 : 하루에 처리해야 하는 건수

        * 이틀에 1건 처리해야 한다면 하루에 처리해야 하는 건수는 0.5건
      - 부서의 1건당 처리 가능시간 : 1건 처리하는데 소요되는 시간
      - 일일 근무시간 : 60분 X 8시간 = 480분

    - ✓ 추정된 데이터를 이용하여 필요 자원 수 계산
      - 고객의 1건당 처리 요구시간

        = 일일 근무시간 / 일일 업무 처리건수
      - 업무별 필요 자원 수

        = 부서의 1건당 처리 가능시간 / 고객의 1건당 처리 요구시간
      - 필요 자원 수 합계 = Σ 업무별 필요 자원 수

〈실습〉 필요 자원 수 계산 : 10분

1. 개선 후 프로세스 관점에서 발생 가능한 서로 다른 업무 종류 도출
2. 업무 종류별 일일 업무 처리건수, 부서의 1건당 처리 가능시간, 일일 근무시간 추정
3. 나머지 항목은 계산식에 의하여 계산

No.	업무 종류	일일 업무 처리건수 (건)	부서의 1건당 처리 가능시간 (분)	일일 근무시간 (분)	고객의 1건당 처리 요구시간 (분)	업무별 필요 자원 수 (명)	필요 자원 수 합계 (명)
1							
2							
3							
4							
5							
6							
7							
8							
9							
10							

4.3.2 업무현장 최적화

- 표준작업 개발
  - 중요한 프로세스 단계 또는 활동에 대하여, 표준작업을 개발
  - 표준작업(Standard work)이란 한 사람이 특정 업무를 수행하기 위한 최선의 방법을 그림이나 간략한 글로 표현하여 업무장소에 게시한 것을 의미

<table>
<tr><th colspan="4">표준작업 양식 #1</th></tr>
<tr><td colspan="4">프로세스 : 국내 출장
프로세스 단계 : 출장 결과보고</td></tr>
<tr><th>활동</th><th>왜, 어떻게</th><th>시간/시기</th><th>참고</th></tr>
<tr><td>1. 출장결과 입력</td><td>• 정보 누락 방지를 위해 첫 번째 항목부터 순서대로 입력
• 출장 결과보고서 요약파일은 표준템플릿 XXX-XXX 사용하여 작성</td><td>• 입력시간 20~25분
• 복귀 후 48시간 이내 입력</td><td rowspan="2">1
표준 템플릿 : XXX-XXX</td></tr>
<tr><td>기타</td><td>기타</td><td>기타</td></tr>
</table>

4.3.2 업무현장 최적화

<table>
<tr><th colspan="5">표준작업 양식 #2</th></tr>
<tr><td colspan="5">프로세스 : 실험실 지원
프로세스 단계 : 실험실 안전활동 지원</td></tr>
<tr><th rowspan="2">활동 (왜, 어떻게)</th><th rowspan="2">소요시간</th><th colspan="3">업무 발생빈도</th></tr>
<tr><th>일일</th><th>주간</th><th>월간</th></tr>
<tr><td>1. 고객 요청일 준수를 위해 요청한 날짜와 시간을 사무실 게시판에 기록</td><td>건당
1분 이내</td><td>종일</td><td></td><td></td></tr>
<tr><td>2. 실험실 별 안전 활동실적 모니터링을 위해 주간 활동실적 입력</td><td>15~20분</td><td></td><td>금요일
16:00</td><td></td></tr>
<tr><td>3. 경영진의 실험실 별 안전활동 모니터링을 위해 월간 보고서 작성</td><td>50~60분</td><td></td><td></td><td>매월
마지막
월요일</td></tr>
</table>

- 업무현장 재배치 순서
    - 먼저, 일의 흐름이 원활하고, 병목이 없고, 각 업무장소간 이동이 최소화되도록 부서나 큰 아이템을 배치
    - 그 다음, 선반, 받침대, 캐비닛 같은 저장공간을 배치
    - 작은 장비와 가구를 배치
    - 캐비닛과 서랍 안 아이템들을 포함한 작은 아이템들을 배치

<실습> 표준작업 : 10분

1. 표준작업을 작성할 프로세스 단계를 선정
2. 적절한 표준작업 양식 1개 선정
3. 표준작업 작성

<table>
<tr><th colspan="4">표준작업 양식 #1</th></tr>
<tr><td colspan="4">프로세스 :
프로세스 단계 :</td></tr>
<tr><th>활동</th><th>왜, 어떻게</th><th>시간/시기</th><th>참고</th></tr>
<tr><td></td><td></td><td></td><td></td></tr>
</table>

〈실습〉 표준작업 - 계속

<table>
<tr><th colspan="5">표준작업 양식 #2</th></tr>
<tr><td colspan="5">프로세스 :
프로세스 단계 :</td></tr>
<tr><th rowspan="2">활동 (왜, 어떻게)</th><th rowspan="2">소요시간</th><th colspan="3">업무 발생빈도</th></tr>
<tr><th>일일</th><th>주간</th><th>월간</th></tr>
<tr><td></td><td></td><td></td><td></td><td></td></tr>
</table>

4.3.3 Design FMEA

의미	신규 업무 프로세스 적용 시 미래에 발생 가능한 위험요소들을 예측하여, 사전에 감소시키거나 제거
세부 활동	잠재적인 위험요소들을 도출하여 위험요소가 고객에게 미치는 영향을 평가하고, 위험요소의 잠재원인을 도출하고, 잠재원인의 발생빈도와 발생될 경우 검출될 가능성을 평가하여 개선대상 위험요소를 결정하고 개선의 방향을 설정

4.3.3 Design FMEA

- Design FMEA (Failure Mode and Effects Analysis) 활동은 미래에 발생 가능한 위험요소들을 예측하여, 사전에 감소시키거나 제거함
- 첫 번째 고려할 사항은 설계 자체를 개선하여 이러한 문제를 예방함
- 두 번째 고려할 사항은 문제가 발생하기 전에 발견하여 사용자에게 조치를 취하도록 알림
- Design FMEA 용어 정의
  - 고장형태 : 해당 프로세스 단계 내에서 일이 어떻게 잘못될 가능성이 있는가? (1개 이상)
  - 고장영향 : 고장형태는 프로세스 Outputs에 어떤 영향을 미치는가? (1개 이상)
  - 심각성 : 고장영향의 심각성 (1~10점 평가)
  - 잠재원인 : 고장형태가 발생한 원인은 무엇인가? (1개 이상)
  - 발생빈도 : 잠재원인이 고장형태를 발생시켜 해당 고장영향을 일으키는 빈도 (1~10점 평가)
  - 현재 설계상 관리방법 : 잠재원인 발생을 검출하기 위해 현재 설계상 반영된 기능
  - 검출되지 않을 가능성 : 현재 설계상 관리방법이 잠재 원인 발생을 검출하지 못할 가능성 (1~10점 평가)
  - 위험지수 = 심각성 x 발생빈도 x 검출되지 않을 가능성

- 시정조치 방향
  - 위험지수가 높거나, 위험지수가 낮더라도 심각성이 10점이면 그 고장형태는 다루어져야 함
  - 심각성이 문제라면, 고장형태를 완전히 제거할 방안을 탐색해보고, 이것이 비현실적이라면 고장영향의 심각성을 감소시킬 방안을 탐색
  - 높은 발생빈도가 문제라면, 잠재원인을 완전히 제거할 방안을 탐색하고, 이것이 불가능하면, 잠재원인이 더 적게 발생하는 방향으로 탐색
  - 높은 검출되지 않을 가능성이 문제라면, 실패 발생이 더 쉽게 인지되는 방향으로 탐색

4.3.3 Design FMEA

구분	판단	판단 가이드	등급
심각성 (Severity)	매우 높음	고객 또는 직원 안전에 영향을 주고, 법규를 어김	9~10
	높음	서비스의 품질이 정상이 아니고, 고객 불만 높음	7~8
	보통	고객이 서비스 품질의 결함을 느끼고, 불편을 느낌	5~6
	낮음	고객이 가벼운 불만을 느낌	3~4
	매우 낮음	고객에게 영향이 거의 없음	1~2
발생빈도 (Frequency)	매우 높음	10% 이상	9~10
	높음	2% 이상	7~8
	보통	0.5% 이상	5~6
	낮음	0.02% 이상	3~4
	매우 낮음	0.02% 미만	1~2
검출되지 않을 가능성 (Detectability)	매우 높음	95% 이상	9~10
	높음	90% 이상	7~8
	보통	50% 이상	5~6
	낮음	20% 이상	3~4
	매우 낮음	5% 미만	1~2

〈실습〉 Design FMEA : 20분

1. 개선 후 프로세스 단계 중에서 일이 잘못될 가능성이 있는 단계를 확인
2. Design FMEA 실시

Design FMEA										
업무명 :								날짜 : . .		
프로세스 단계	고장형태	고장영향	S	잠재원인	F	현재 설계상 관리방법	D	위험 지수	장래 바람직한 조치	담당자/완료일

위험 지수: S - 심각성 (1 [저] - 10 [고]), F - 발생빈도 (1 [저] - 10 [고])
D - 검출되지 않을 가능성 (1 [저] - 10 [고])

4.3.4 실수방지 설계

의미	업무 수행 과정에서 실수가 발생할 가능성을 줄이거나 제거하기 위하여 장치를 도입하거나 업무 절차를 변경
세부 활동	실수가 어디에서 발생 가능한지 결정하고 우선순위화하여 개선대상을 선정하고, 실수를 발생시키는 근본원인에 대해 실수방지 아이디어를 도출하여 설계하고 테스트

4.3.4 실수방지 설계

- 업무 수행 중 실수가 어디에서 발생할 지 Design FMEA와 프로세스 맵을 이용하여 확인

- Design FMEA의 위험지수를 참고하여 실수발생을 예방할 잠재적인 실수를 결정

- 실수를 발생시키는 근본원인이 무엇인지 결정
  - 도구 및 장비 오류
  - 측정 오류
  - 오해 또는 훈련 부족
  - 빈약한 절차와 관리계획
  - 건망증 또는 주의 산만
  - 정확하지 않거나 분실된 부품/비품
  - 설정 오류
  - 불명확한 사양 또는 서비스 요구사항
  - 규정무시 또는 의도적 행위
  - 낮은 안전 표준

- 실수방지 아이디어 도출
  - 각 근본원인에 대해 아이디어 도출 방법을 이용하여 실수방지 아이디어를 도출하고 선택

- 실수방지 장치를 실제로 만들고 제대로 작동하는지 시험

5

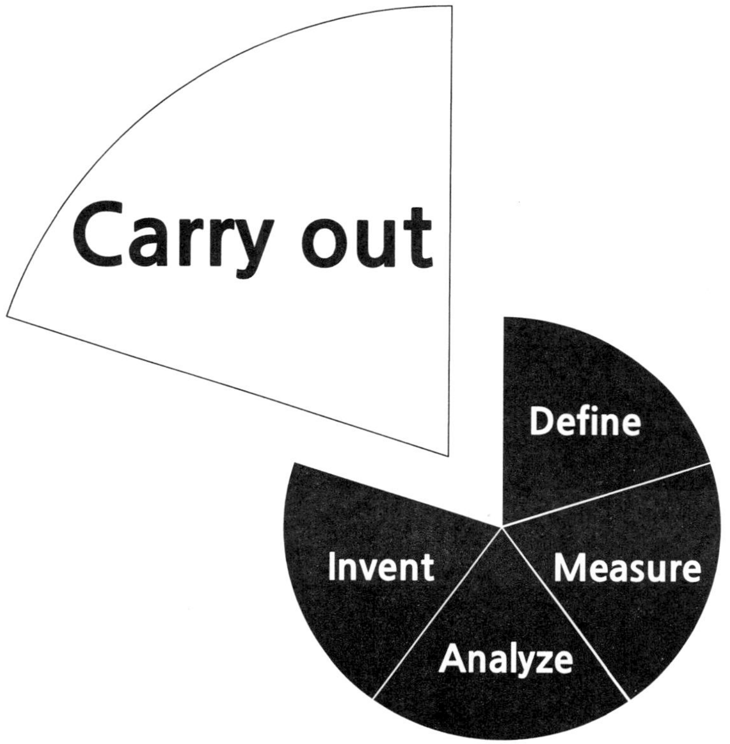

Carry out Framework

상세 설계된 업무 프로세스를 제한된 범위 내에서 시험적용을 실시하여 설계를 최종 보완하고, 본실행 계획과 프로세스 관리계획 수립 후 프로세스 오너에게 과제 이관

Define 〉 Measure 〉 Analyze 〉 Invent 〉 **Carry out**

5.1 시험적용

- 5.1.1 시험적용

5.2 개선결과 확인

- 5.2.1 프로세스 모니터링
- 5.2.2 과제성과 확인

5.3 과제종료

- 5.3.1 본실행 계획 수립
- 5.3.2 관리계획 수립
- 5.3.3 과제 이관

5.1 시험적용

해결안의 본실행에 앞서 제한된 범위 내에서 설계 결과를 시험 적용하고, 필요 시 설계를 보완

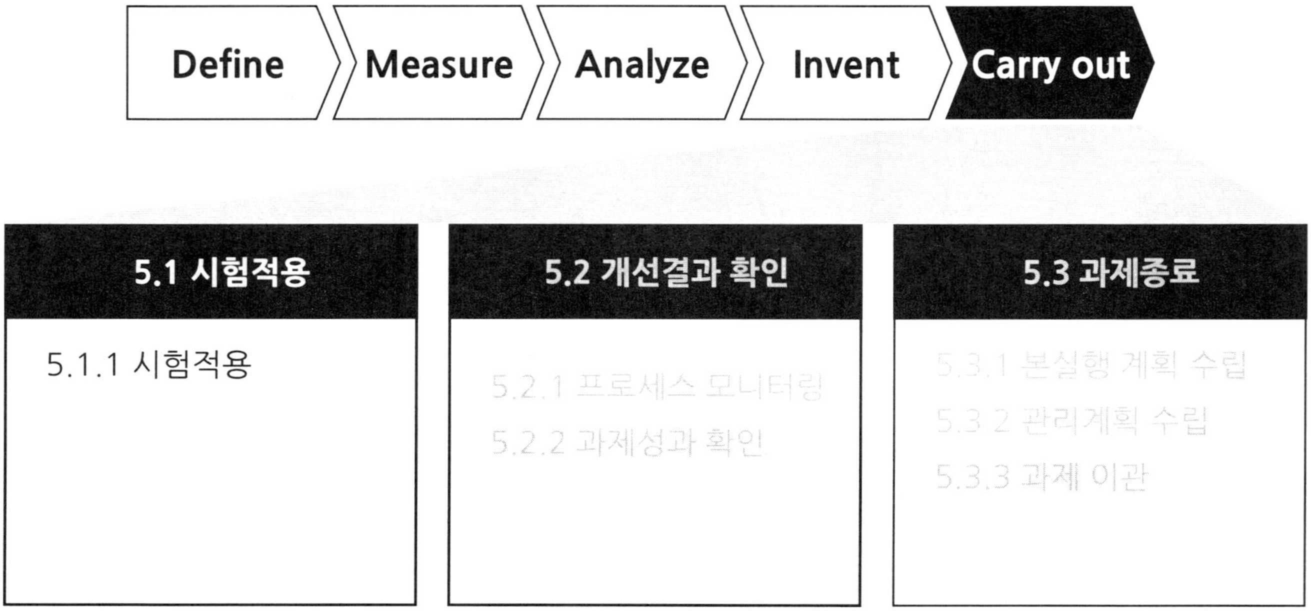

5.1.1 시험적용

의미	상세 설계된 업무 프로세스를 제한된 제한된 범위 내에서 시험적용
세부 활동	시험적용을 위한 계획을 수립하고, 실시하고, 시험적용 결과를 분석하여 설계를 보완

5.1.1 시험적용

- 시험적용 계획 수립
  - 시험적용 목적, 측정 대상 지표, 일정, 비용 등을 문서화
    - ✓ 측정 대상 지표 : 고객 요구사항, 서비스 요구사항, 기능 요구사항 등
  - 시험적용을 위해 필요한 업무 조직과 기술적인 사항을 결정하고 문서화
    - ✓ 환경 설정, 장소, 횟수, 참가자, 데이터 수집 방법
  - 참가자의 역할과 훈련 필요 여부, 필요한 설비/장비, 기타 도구들을 결정

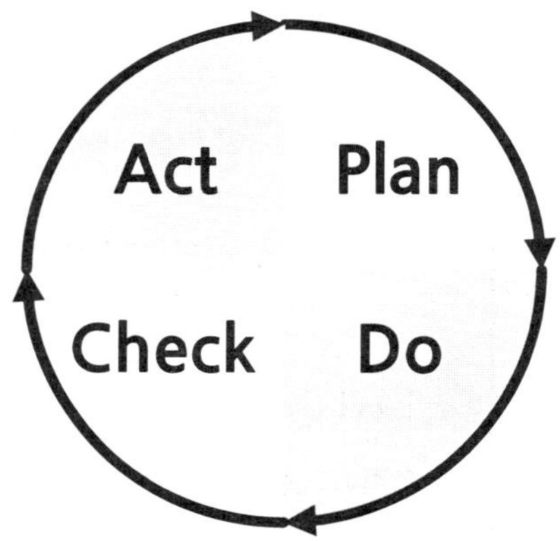

- 시험적용 실시

- 시험적용 결과 분석
  - 측정 대상 지표들에 대한 시험적용 실적 데이터 분석
  - 서비스를 개선하기 위한 추가적인 기회 발견
  - 설계 변경 필요 여부 결정
  - 추가 시험적용 필요 여부 결정

〈실습〉 시험적용 계획 수립 : 10분

해결안에 대한 시험적용 계획을 수립

<table>
<tr><th colspan="4">시험적용 계획서</th></tr>
<tr><td>프로세스 명</td><td colspan="3"></td></tr>
<tr><td>시험적용 목적</td><td colspan="3"></td></tr>
<tr><td>장소</td><td colspan="3"></td></tr>
<tr><td>기간</td><td colspan="3"></td></tr>
<tr><td>비용</td><td colspan="3"></td></tr>
<tr><td rowspan="5">측정지표</td><td>지표명</td><td>현수준</td><td>목표</td></tr>
<tr><td></td><td></td><td></td></tr>
<tr><td></td><td></td><td></td></tr>
<tr><td></td><td></td><td></td></tr>
<tr><td></td><td></td><td></td></tr>
<tr><td rowspan="5">참가자</td><td>이름</td><td>역할</td><td>사전교육 사항</td></tr>
<tr><td></td><td></td><td></td></tr>
<tr><td></td><td></td><td></td></tr>
<tr><td></td><td></td><td></td></tr>
<tr><td></td><td></td><td></td></tr>
<tr><td>7 타 준비사항</td><td colspan="3"></td></tr>
</table>

5.2 개선결과 확인

새로운 업무 프로세스가 실행된 후, 주요 지표에 대하여 모니터링을 실시하고, 실적을 집계하고, 년간 기대효과를 계산

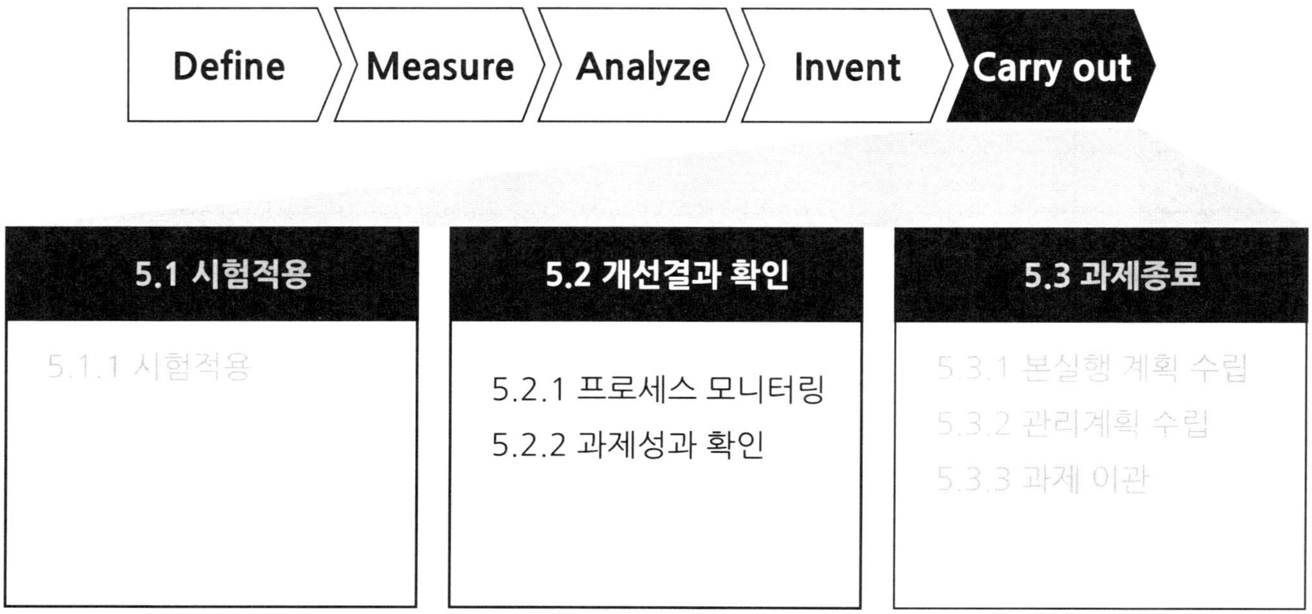

5.2.1 프로세스 모니터링

의미	새로운 업무 프로세스가 실행된 후, 목표한 대로 기능하는지 주요 지표에 대해 모니터링
세부 활동	모니터링 대상 지표를 선정하고, 데이터를 수집하여 관리도를 작성하고 관리상태를 해석

5.2.1 프로세스 모니터링

- 모니터링 대상 지표 선정
- 데이터 수집 및 타점
- 관리한계 계산
- 관리도 해석

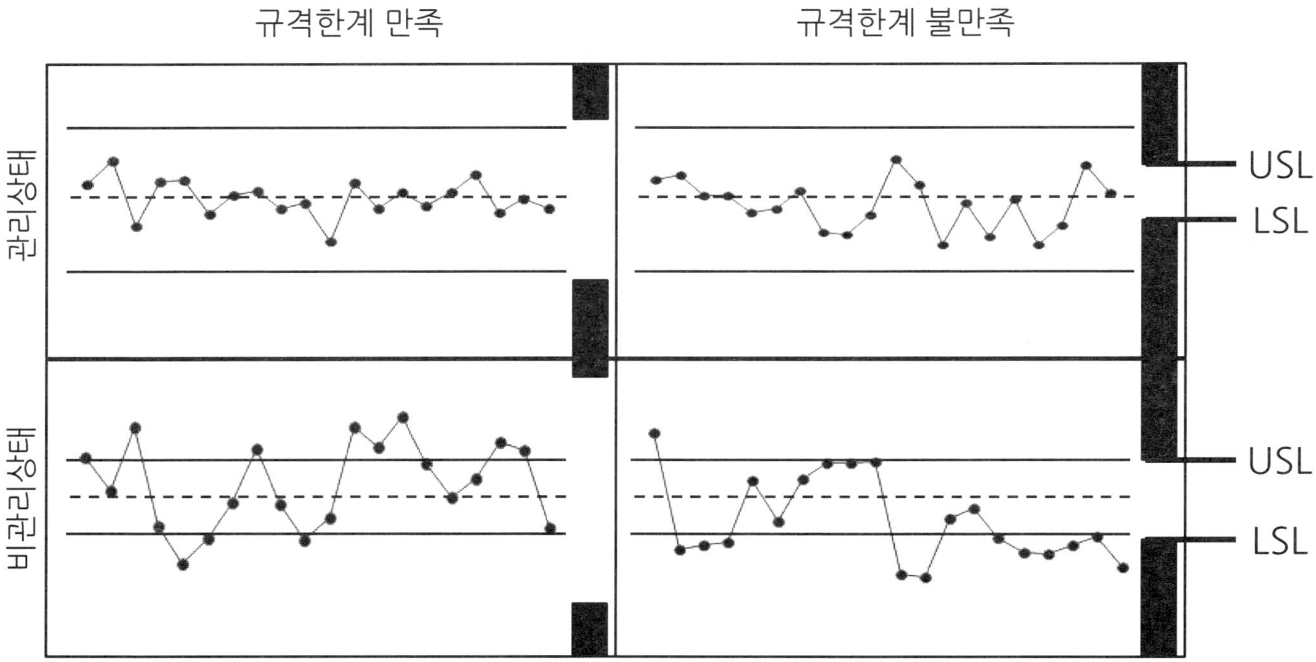

USL(규격상한) : Upper Spec Limit
LSL(규격하한) : Lower Spec Limit

〈실습〉 I-MR 관리도 작성 및 해석 : 20분

아래 10일간의 '소요시간' 실적 데이터를 이용하여 I-MR 관리도를 작성하고 해석

날짜	1	2	3	4	5	6	7	8	9	10
소요시간 (분)	130	160	140	150	130	135	140	130	300	120

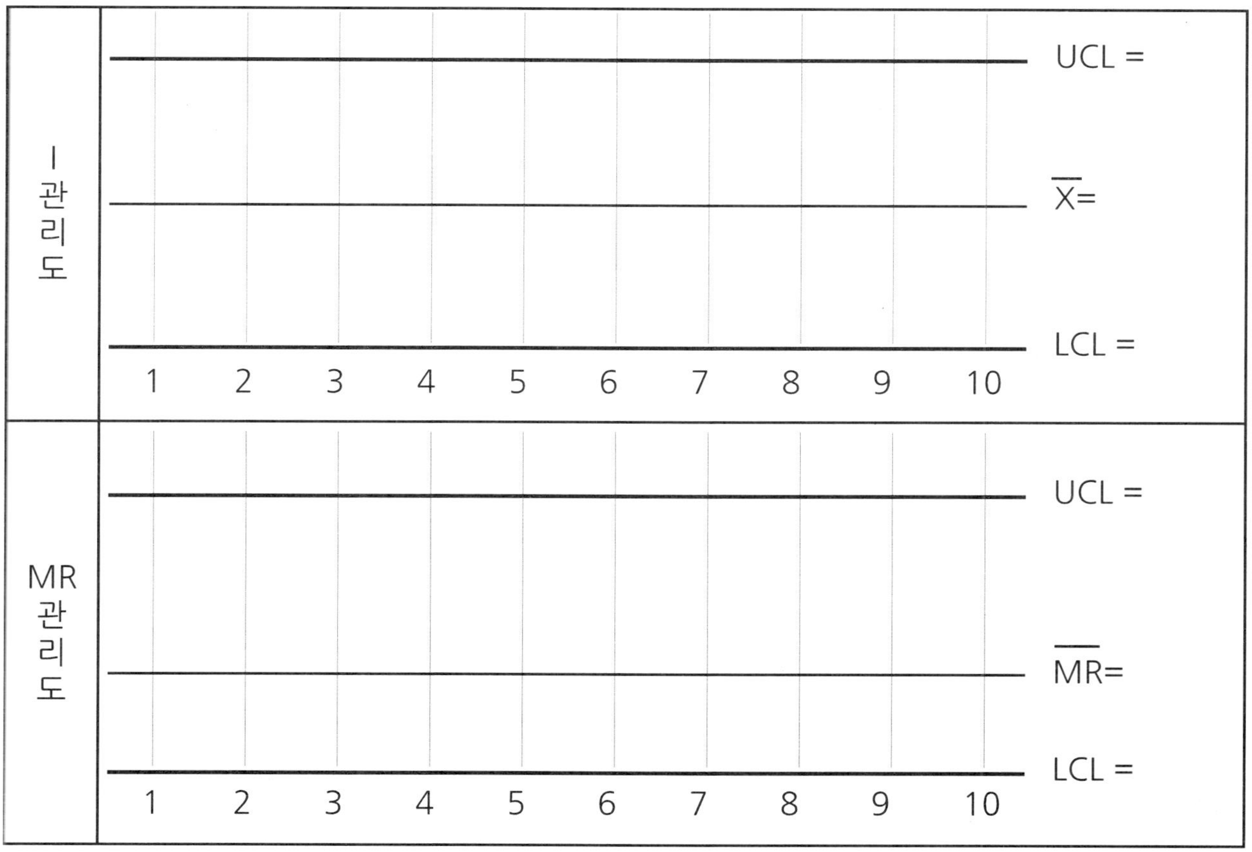

* 규격한계 : 180분 이내

- I관리도 관리한계 = $X \pm 2.66\overline{MR}$
- MR관리도 UCL = $3.27\overline{MR}$

5.2.2 과제성과 확인

의미	새로운 업무 프로세스가 실행된 후, 과제관련 주요 지표의 실적을 집계
세부 활동	최종 해결안의 현업 적용 결과 데이터를 이용하여 고객 요구사항, 서비스 요구사항에 대한 실적을 집계하고, 주요 성과지표에 대한 예상되는 실적과 년간 기대효과를 계산

〈실습〉 과제성과 확인 : 10분

1. 개선대상 고객 요구사항과 서비스 요구사항에 대한 현수준, 목표, 실적을 작성
2. 성과지표의 예상실적을 이용하여 년간 기대효과를 계산

구분	내용	현수준	목표	실적
고객 요구사항				
서비스 요구사항				

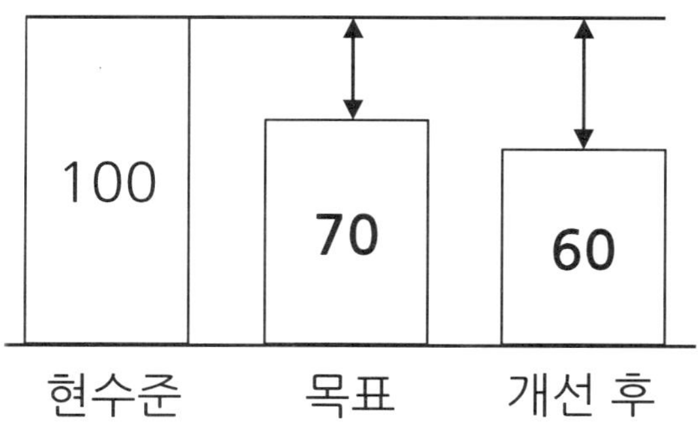

성과지표 : ____________

년간 기대효과 : /년

계산식 =

* 성과지표 : 업무시간, 비용과 같이 금액으로 환산 가능한 지표

5.3 과제종료

최종 해결안에 대한 현업 적용계획과 주요 프로세스 단계에 대한 관리계획을 수립하고, 관련 부서와 과제 결과를 공유하고, 프로세스 오너에게 과제를 이관

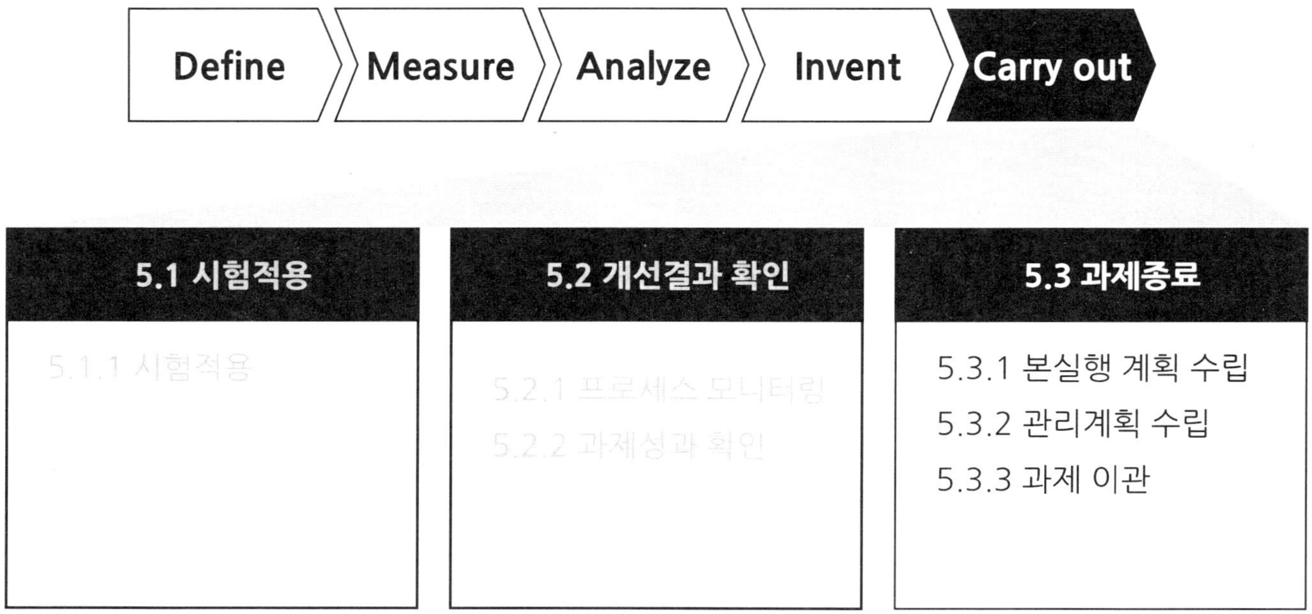

5.3.1 본실행 계획 수립

의미	최종 해결안을 과제 종료 후 현업에 안정적으로 적용하기 위한 계획을 수립
세부 활동	해결안의 안정적인 적용을 방해하는 잠재적인 문제를 도출하고, 문제해결을 위해 필요한 역량과 자원을 결정하고 대응계획을 수립

<실습> 해결안의 영향 분석 : 10분

1. 기존 업무수행 방법의 변경이 필요한 해결안 확인
2. 해결안에 영향을 받는 관련부서와 영향 받는 사람을 확인
3. 해결안 적용 시 예상되는 잠재적인 문제 도출

No.	기존 업무수행 방법의 변경이 필요한 해결안	영향 받는 곳		잠재적인 문제
		부서	사람	

〈실습〉 본실행 계획 수립 : 10분

1. 앞에서 도출된 잠재적인 문제를 해결하기 위해 해결안에 영향 받는 사람의 필요역량을 정의
2. 잠재적인 문제를 해결하기 위한 필요자원 도출
3. 잠재적인 문제 예방을 위한 세부활동과 담당자, 기한을 설정

잠재적인 문제	필요역량	필요자원	대응계획		
			세부활동	담당자	기한

<실습> 교육훈련 계획 수립 : 10분

해결안에 영향 받는 사람의 필요 역량을 확보하기 위한 교육계획을 수립

Who		Why	What	Where	When	How
누가	누구에게	목적	내용	장소	일정	방법

5.3.2 관리계획 수립

의미	해결안이 과제 종료 후에도 장소, 사람, 환경 등의 영향에 관계없이 목표한 대로 실행되도록 관리계획을 수립
세부 활동	해결안을 업무표준에 반영하고, 고객 요구사항 충족을 위해 관리가 필요한 프로세스 단계를 확인하여 관리지표를 설정하고, 관리방법을 구체화

5.3.2 관리계획 수립

- 과제리더는 과제를 수행했기 때문에 고객 요구사항을 충족시키기 위해서는 업무의 어느 단계에서 무엇을 관리해야 하는지 잘 알고 있음
- 과제 종료 후, 그 업무의 개선성과 유지에 대한 책임은 프로세스 오너에게 있음
- 따라서, 프로세스 오너 입장에서는 과제수행 과정에서 만들어낸 다양한 산출물보다는, 어느 단계에서 무엇만 관리하면 되는지에 대한 1~2장으로 요약된 정보가 필요함
- 이 요약된 정보가 프로세스 관리계획서임
- 프로세스 관리계획서와 프로세스 관리계획서에서 참조된 문서는 과제 이관 시 필수 문서임

핵심 프로세스 단계	프로세스 단계의 Outputs	프로세스 단계의 관리지표	관리지표의 규격한계	관리지표 측정방법	규격한계 벗어난 경우 인지방법	관리 책임자	측정주기	규격한계 이탈 시 조치방법	과제이관에 필요한 문서명

5.3.2 관리계획 수립

- 프로세스 관리계획서 항목별 작성방법

항목	의미	작성 예
핵심 프로세스 단계	프로세스 단계 중 관리가 필요한 단계	• 외기온도확인 • 가동스케줄입력
프로세스 단계의 Outputs	해당 프로세스 단계의 산출물로 지표 또는 산출물 이름	• 외기온도 • 가동스케줄 입력오류율
프로세스 단계의 관리지표	해당 프로세스 단계 내에서 Outputs의 품질을 보장하기 위해 관리해야 하는 측정 가능한 원인지표 또는 결과지표	• 가동펌프수
관리지표의 규격한계	해당 프로세스 단계 내에서 Outputs의 품질을 보장하기 위한 관리지표의 관리범위	• 25℃~30℃ • ≤ 1
관리지표 측정방법	관리지표의 실제 값을 측정하는 장치 또는 기타 측정 방법	• 자동제어 모니터 및 서버 • 전력계 육안 확인
규격한계 벗어난 경우 인지방법	관리지표가 규격한계를 벗어난 경우 업무수행자 또는 관리자가 인지할 수 있는 방법	• 자동 경보 울림 • 스마트폰으로 자동 전송
관리책임자	관리지표가 규격한계를 유지하도록 관리할 책임이 있는 사람	• 중앙감시실 운전자
측정주기	관리지표를 측정하고 기록하는 간격	• 매주 금요일 오후 15:00 • 업무 발생시마다 측정
규격한계 이탈 시 조치방법	관리지표가 규격한계를 이탈했을 경우 정상으로 되돌리기 위한 조치방법	• 펌프 2대 가동 시 1대 OFF • 열 교환기로 조정
과제이관에 필요한 문서명	향후 유지관리를 위해 참고해야 하는 자료명과 위치	• 펌프운영기준.doc • 과제요약보고서.doc

<실습> 해결안 표준화 : 10분

과제 종료 후에도 해결안의 실행을 보장하기 위하여 해결안을 업무표준에 반영

해결안	표준화 내용	추진일정	업무 표준명

〈실습〉 프로세스 관리계획서 작성 : 20분

고객 요구사항에 영향을 주는 핵심 프로세스 단계에 대하여 관리계획서를 작성

핵심 프로세스 단계	프로세스 단계의 Outputs	프로세스 단계의 관리지표	관리지표의 규격한계	관리지표 측정방법	규격한계 벗어난 경우 인지방법	관리 책임자	측정주기	규격한계 이탈 시 조치방법	과제이관에 필요한 문서명

5.3.3 과제 이관

의미	프로세스 오너가 해결안이 적용된 프로세스를 모니터링하고, 유지 관리할 수 있도록 과제 결과를 이관
세부 활동	과제 산출물 중 필수적인 내용을 발췌하여 이해관계자와 공유하고, 해결안을 실행할 사람의 눈높이에 맞게 메시지를 표현하여 적절한 매체를 통해 전달함

<실습> 커뮤니케이션 계획 : 10분

과제관련 이해관계자에 대하여 과제 결과에 대한 커뮤니케이션 계획 수립

Who		Why	What	Where	When	How
누가	누구에게	목적	내용	장소	일정	방법

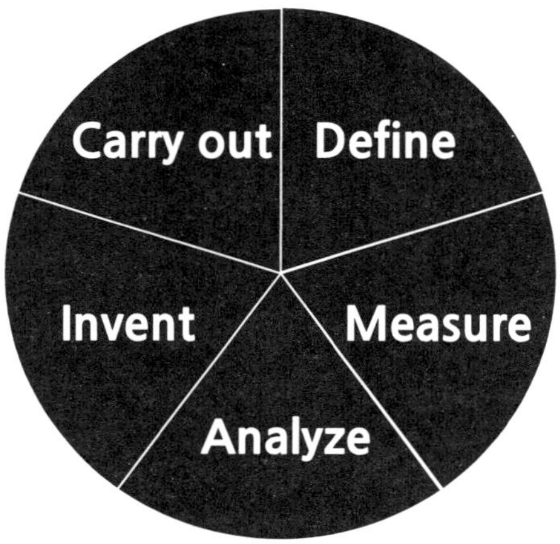

Great job!

참고문헌

Basem El-Haik, David M. Roy, Service Design for Six Sigma: A Roadmap for Excellence, Wiley-Interscience, 2005

David Silverstein, Philip Samuel, Neil DeCarlo, The Innovator's Toolkit: 50+ Techniques for Predictable and Sustainable Organic Growth, John Wiley & Sons, Inc., Hoboken, New Jersey, 2008

Drew Locher, Lean Office and Service Simplified: The Definitive How-To Guide, Productivity Press, 2011

Edward De Bono, Lateral Thinking: Creativity Step by Step, Harper Colophon, 1990

Edward de Bono, Six Thinking Hats, Back Bay Books, 1999

Nadja Damij, Talib Damij, Process Management: A Multi-disciplinary Guide to Theory, Modeling, and Methodology, Springer, 2014

Susan Page, The Power of Business Process Improvement: 10 Simple Steps to Increase Effectiveness, Efficiency, and Adaptability, AMACOM, 2010

Thomas Fabrizio, Don Tapping, 5S for the Office: Organizing the Workplace to Eliminate Waste, Productivity Press, 2006

Vijay Kumar, 101 Design Methods: A Structured Approach for Driving Innovation in Your Organization, John Wiley & Sons, Inc., Hoboken, New Jersey, 2013

W. Chan Kim, Renee Mauborgne, Blue Ocean Strategy: How to Create Uncontested Market Space and Make Competition Irrelevant, Harvard Business Review, 2005

http://www.breakingnewsenglish.com/

저자소개

약력

KAIST 산업경영학과 졸업

한국능률협회컨설팅 팀장

IBM 시니어컨설턴트

네모아이씨지 수석컨설턴트

㈜케이아이엠씨 수석 컨설턴트

㈜GSIC 수석 컨설턴트

프로젝트 수행 실적

㈜ 포스코, 2002.4 ~ 2005.12
㈜ 만도, 2006.1 ~ 2007.11

대동공업㈜, 2008.1 ~ 2009.12

포스코 강판㈜, 2010.1~2012.3

POSTECH 외 포항지역 교육기관, 2013.2 ~ 2013. 12

비제조 / 사무 간접 부문을 위한 **혁신과제 수행 방법론**

초판 인쇄 2015년 3월 2일
초판 발행 2015년 3월 6일

지 은 이 유 영 경

발 행 인 김 기 섭
펴 낸 곳 부산대학교 출판부
주소 - 부산광역시 금정구 부산대학로 63번길2
전화 - (051) 510 - 1932~3
전송 - (051) 512 - 7812
등록 - 제카 11-2 1992. 9. 10.

* 잘못된 책은 구입한 서점에서 교환해 드립니다.

값 20,000원

ISBN 978-89-7316-490-5 93320